# 21世纪普通高等院校系列规划教材

本教材是国家级特色专业"服装设计与工程"、2015年山东省本科高校教学改革研究项目"地方本科院校'厚德明法、通情晓理'的基层法治人才培养体系的研究与实践"、2018年山东省本科高校教学改革研究项目"基于立德树人理念的高校思想政治理论课教学改革研究与实践"、2014年卓越法律人才教育培养计划项目、2019年德州学院教育教学改革研究重点项目的研究成果。

# 大学导引

## DAXUE DAOYIN

主　编　陈　伟

副主编　王　敏

编　委　宋广元　潘　丹　郑苍松　宋国华

　　　　方振烽　张庆华　米　彦　刘东玲

　　　　徐世慧　孙晓鹏　高　健　李梦妍

西南财经大学出版社

中国·成都

**图书在版编目(CIP)数据**

大学导引/陈伟主编. —成都:西南财经大学出版社,2019.11
ISBN 978-7-5504-4201-6

Ⅰ.①大…　Ⅱ.①陈…　Ⅲ.①大学生—入学教育　Ⅳ.①G645.5

中国版本图书馆 CIP 数据核字(2019)第 239345 号

## 大学导引

主　编　陈伟
副主编　王敏

责任编辑:李才
封面设计:杨红鹰　张姗姗
责任印制:朱曼丽

| | |
|---|---|
| 出版发行 | 西南财经大学出版社(四川省成都市光华村街 55 号) |
| 网　　址 | http://www.bookcj.com |
| 电子邮件 | bookcj@foxmail.com |
| 邮政编码 | 610074 |
| 电　　话 | 028-87353785 |
| 照　　排 | 四川胜翔数码印务设计有限公司 |
| 印　　刷 | 郫县犀浦印刷厂 |
| 成品尺寸 | 185mm×260mm |
| 印　　张 | 9.25 |
| 字　　数 | 219 千字 |
| 版　　次 | 2019 年 11 月第 1 版 |
| 印　　次 | 2019 年 11 月第 1 次印刷 |
| 印　　数 | 1—2000 册 |
| 书　　号 | ISBN 978-7-5504-4201-6 |
| 定　　价 | 28.00 元 |

# ▶▶ 前言

凡一本教材的编写，或一门课程的开设，必然有其缘由。这里，就《大学导引》这本教材的写作意图和开设"大学导引"这门课程的具体构想进行说明。

## 一、为什么讲、为什么学

大学新生踏入大学校园，怀揣理想，雄心勃勃，充满了对未来的憧憬。但是，初涉大学生活，同学们很快就会产生很多迷惘：如何尽快适应大学生活？如何规划好大学生活？要想成功地度过大学四年，关键是什么？有何要诀？大学里的课程既多又陌生，老师还讲得那么快，怎么学？专业学习和通识学习的关系如何处理？远离了父母的呵护，如何进行自我心理调适？需要特别注意哪些安全事项？如何处理好人际关系？悄悄喜欢上了一名异性同学，这就是传说中的爱情吗？应该如何处理？……

大学生刚刚进入一个新的人生阶段，必定会遇到诸多困惑。困惑是人生进步的阶梯，良好地应对和跨越这些困惑，就开辟了人生的新境界，顺利踏上了人生的新征程；反之，就可能很难真正迈入大学之门，甚至荒废掉宝贵的青春年华。

一位刚刚毕业的大学生感叹道："我最大的遗憾是，等到我明白了在大学应该干些什么的时候，已经快毕业了。如果让我重新读一次大学，我会少很多遗憾。"然而，有多少事可以重来，有多少青春可以让我们等待呢？

"东方欲晓，莫道君行早。"无论做什么事，都要趁早。对于刚刚进入大学的青年人来说，大学学习生活起好步，仅有雄心壮志是远远不够的，还需要从微观着眼、从细节入手。宜未雨绸缪，勿临渴而掘井。对于大学阶段可能面临的问题，大学新生了解得多一些、早一些，就能够早一点做好准备，从而先人一步，掌握主动。

我们编写《大学导引》一书的目的正是为尚处于大学学习和生活起步阶段的新生提供一个全方位的指引，帮助他们迈好大学第一步，迅速地度过大学学习和生活的转折期和适应期，顺利地开辟大学学习和生活的新局面。

## 二、讲什么、学什么

在十七八岁，进入令人迷惘的新环境，遭遇令人迷惘的新问题，面对令人迷惘的新专业、新课程，身处令人迷惘的大学学习和生活的转折期和适应期，甫一入学的大学新生不得不在摸索中前行。此时，大一新生最需要的莫过于一些有针对性的指点迷津之策，这正是本书写作的核心意旨所在。

我们充分调查了大学新生主要的迷惘点，同时结合大学生学习和生活需要正确面对和处理的主要问题，拟定了《大学导引》一书的主要内容。本书共分为十讲，分别是：①坚守理想，主动适应；②明确目标，合理规划；③学习为重，综合提升；④自我调适，自我保护；⑤自我省思，自我管理；⑥智慧做人，人际和谐；⑦善于交流，学会协作；⑧坚持锻炼，保障健康；⑨慎重恋爱，理性负责；⑩实干创新，追求完美。

上述这些主题既涉及宏大理想，又涉及具体规划；既涉及大学学习，又涉及大学生活；既涉及专业学习，又涉及通识学习。总体来说，这些主题的选定，做到了对症下药、有的放矢，基本涵盖了大学生可能面临的主要迷惘点和走好大学人生路的关键点。

## 三、怎样讲、怎样学

一门课程，要取得良好的教学效果，除了科学确定教学内容之外，还要在课程教学理念、课程教学方法、课程教学手段、考核评价方法等方面求创新、求发展、求实效。

### （一）确立科学的课程教学理念

第一，树立成果导向教育理念。"大学导引"课程教学是一个"人为"的过程，最终要实现"为人"的目标。"大学导引"课程教学必须在教学内容的实用性、教学方法的多样性、教学形式的生动性上下功夫，彰显课程之美，开展有效教学，引导学生迅速适应大学生活，帮助大一新生迈好大学第一步。

第二，知识传授、能力培养和人生智慧启迪并重。"大学导引"课程应重视知识传授，如大学生自我心理调适和安全保护知识的传授；"大学导引"课程也应重视能力培养，如大学生自我管理能力、与人交流能力和协同合作能力的培养；"大学导引"课程还应重视启迪学生的人生智慧，如为人处世的"中庸智慧"等。在教学过程中，教师应善于引导，由内及外、由外而内，这样既有利于较好地调动学生的学习积极性，也能够给学生以人生智慧的启迪。

第三，以教师为主导，以学生为主体。"大学导引"课程的性质决定了其教学理念应更加充分地体现"导""引"的特点，彰显学生的主体地位，确认学生在教学过程中是学习的主体、认识的主体和发展的主体，把学习主动权交给学生。教师是教学过程的组织者，其活动方式主要是根据学生的认识规律、思维特点和学习心理，有效地进行引导、指导、辅导和因势利导。以学生为主体，有助于培养学生的自我意识，激发学生的成功心理，培养学生的自尊心和自信心。

### （二）选择恰当的课程教学方法

基于"大学导引"课程的性质，教师应结合教学内容，选择恰当的教学方法，力求形式活泼、生动有趣、寓学于乐，争取最佳的教学效果。

第一，翻转课堂教学法。"大学导引"课程应彰显教师的主导地位和学生的主体地位。其一，教师的讲授仅限于提纲挈领，为学生呈现基本的教学内容结构，揭示内在的知识脉络，使学生形成对教学知识体系的俯视感，避免学生产生进入知识迷宫般的迷失感。同时注意运用生动活泼、幽默诙谐的教学语言和抑扬顿挫、富有节奏感的语调变化来激发学生的学习兴趣。其二，要通过 10 分钟专题演讲、分组研讨交流、课堂辩论等方式，凸显学生的学习主体地位。

第二，案例教学法。生动形象的案例有助于化抽象为形象，变枯燥为生动，对于提高学生学习兴趣，培养学生分析问题、解决问题的能力具有不可低估的作用。需要注意的是，教师选取的案例应具有典型性、真实性。

第三，研讨教学法。"大学导引"课程教学内容十分贴近学生实际生活，蕴含着大量适合研讨的教学内容，非常适合开展研讨式教学。结合教学内容，教师可以课前给学生布置研讨主题，并安排学生在课堂上各抒己见，或者安排学生进行 10 分钟专题报告，提高学生独立思考能力和交流表达能力。

第四，主题情境教学法。为激发学习兴趣，教师可以尝试采用"主题情景教学法"，即围绕某一授课主题，结合有关情境导入新课进行讲授。这种教学方法有助于在讲课伊始明确讲授主题，提起学生的学习兴致，培养学生的分析能力，提升教学效果。

第五，问题导向教学法。即围绕教学内容，以环环相扣、层层递进的系列问题为主轴架构教学内容，通过不断向学生提出问题引领教学过程的展开，凸显教师主导角色和学生主体地位。问题导向教学法有助于持续吸引学生注意力，充分激发学生学习兴趣，提高学生的教学参与度，凸显其主体地位。

第六，影视教学法。视频教学片是辅助课堂教学有效开展的重要手段。采取影视教学法需要注意影视资料与课堂教学内容的适切性：有些视频资料有助于学生预先领会教学内容，教师可以在预习阶段提供给学生观看；有些视频资料短小精悍，且与课堂教学内容结合紧密，教师可以在课堂教学过程中播放；有些视频资料在听课结束后观看有助于引起学生的进一步思考，教师可以安排学生课后观看，并撰写观看感受。影视教学法寓教于乐，具有较强的感染力，有助于培养学生的问题意识，提升其洞察社会现象的敏锐性，开阔学生的视野。

（三）采用有效的课程教学手段

第一，有效运用多媒体辅助教学手段。直观生动的多媒体课件容易对学生形成强烈的感官刺激，使学生更好地接受教学内容。教师应精心设计多媒体教学课件，集文字、案例、图表、图片、习题、音频、视频于一体，增加课堂教学信息量，丰富教学内容。当然，教师还必须处理好多媒体课件与板书的关系。

第二，建立师生交流网络平台。大学教学不应局限于教室之内、讲台之上，师生交流不应局限于课堂 45 分钟。授课教师应建立畅通便捷的课后师生交流平台，如建立课程教学 QQ 群或微信群，及时把时事案例、课程学习信息、书籍资料信息等推送给学生，学生也可以与授课教师即时进行在线交流。

（四）推进课程考核评价方法创新

"大学导引"课程考核要公平公正地对学生的学习情况进行评定，特别应凸显过程性考核。

1. 过程性考核

（1）出勤考核占 10%。

（2）预习考核占 10%。根据检查课前预习情况进行考核。

（3）课堂考核占 40%。根据分组研讨交流、主题辩论情况进行考核。

（4）课后考核占 10%。根据课后小型专题报告完成情况进行考核。

2. 结课考核

结课考核占 30%。考核内容为安排学生撰写一份"大学生涯规划和学习生活行动计划书"，意在使学生在认真思考的基础上明确设定自己在大学阶段的学习目标，科学制定学习与生活规划，谋划好大学阶段的学习和生活，为走好大学人生路奠基。

以上是关于"大学导引"课程之"为什么""做什么""怎样做"的说明。

本教材是教学经验积累的成果，也是集体智慧的结晶。多位教师参与了编写工作：高健参与了第一讲、第二讲的编写工作，李梦妍参与了第三讲、第四讲的编写工作，孙晓鹏参与了第五讲、第八讲的编写工作，徐世慧参与了第六讲、第七讲的编写工作，刘东玲参与了第九讲、第十讲的编写工作。宋广元、潘丹、郑苍松、张庆华、米彦参与了教材的构思、论证、统稿、校对等工作。京师（德州）律师事务所主任宋国华先生、景津压滤机集团有限公司法务部部长方振烽先生担任了本教材的编写顾问。

在此，笔者还必须坦陈，本教材在写作过程中参考了大量书籍、课件与网络资源，吸取了很多专家和同仁的宝贵经验，谨在此表示衷心的感谢！书中有一些参考内容无法确认原文出处，参考文献可能也有遗漏，在此向相关作者表示歉意。此外，由于编者水平有限，书中难免存在疏漏与不足，敬请广大读者提出宝贵意见。

编者

2019 年 10 月

# ▶▶ 目录

# 第一讲

## 坚守理想　主动适应

■本讲要点

　　人无理想，便会迷失生活的方向，而没有热情和付出的理想则只是毫无力量的空想。罗曼·罗兰曾说："理想与热情是你们正在航行的灵魂的舵和帆。"此言即此理。

　　正如志在远航的帆船从微波荡漾的江河驶入波涛汹涌的大海，同学们满怀理想进入大学这个新天地，首先面对的问题就是如何尽快适应大学阶段的学习和生活。解决这个问题并无任何灵丹妙药，只有一个"八字要诀"：积极融入，主动适应。

### 一、坚守理想

　　首先和大家来谈一谈理想这个话题。同学们经过十多年的寒窗苦读，终于考上了大学，值得庆贺。在刚刚过去的这个暑假，大家一定对即将开始的大学生活充满了憧憬和想象，同时也谋划着如何开始这段新的人生旅程。每年给大一新生上第一堂课，我都会与大家交流一个重要的问题：你的理想是什么？你为自己的理想设定的远期规划和近期计划是什么？——这是每一位大学新生入学之初必须首先要拷问自己的问题。同学们的回答总是五花八门：有的同学说自己的理想是成为一名成功的企业家，有的同学说要成为一名公务员，有的同学说要成为一名工程师，有的同学希望将来成为一名老师，等等。这些都很好，理想无所谓崇高或卑微，只要有积极、正当、明确、坚定的理想，你就不会迷失在生活的汪洋大海中，就能保证你人生的正确航向。

　　"理想"这个概念是多维度的，我们今天讨论的"理想"是个人层面的，简单地说就是人们关于自身发展的愿景与期望。人们对现状的不满足、对改变现状的强烈愿望以及对未来愿景的不懈追求，是理想形成的动力源泉。我们注意到，古今中外很多做出伟大功绩的人物都有着一个共同点：面对"骨感"的现实，坚守着"丰满"的理想。这正是他们最终取得成功的关键。

　　实例一：

　　东汉时，有一个叫班超的著名人物。他从小就很有志气，立志要为国家干一番事业。公元 62 年，他的哥哥班固奉命到洛阳担任校书郎，他与母亲也随同前往。由于生活艰苦，班超不得不替官府誊抄文件，每天从早忙到晚，所得的报酬只能维持生活。一天，班超一边抄着文件，一边想起自己的抱负，心情非常激动，忍不住猛然把毛笔扔到地上，叹息说："男子汉大丈夫纵然没有别的大志向，也应该学习张骞，在与别国的交往中建立功勋，争取封侯。怎么能老是埋头于笔墨纸砚之间呢？"不久，他参加了军队，因作战英勇、身先士卒而得到了升迁。后来，朝廷又派遣班超出使西域。在多次出使西域的过程中，班超靠自己的勇敢和智慧克服重重困难，为加强汉朝与西域各国在政治、经济、文化等各方面的联系做出了重要贡献，被封为定远侯。

实例二：

邓亚萍从小就酷爱打乒乓球，她梦想着有朝一日能够在世界赛场上大显身手，却因身材矮小而被拒于国家队的大门之外。但她并没有气馁，而是把失败转化为动力，苦练球技。最终，持之以恒的努力终于催开了梦想的花蕾——她如愿以偿，站上了世界冠军的领奖台。在她的运动生涯中，她总共夺得了 18 枚世界冠军奖牌。邓亚萍的出色成就不仅为她自己带来了巨大的荣耀，也改变了只在高个子中选拔乒乓球运动员的传统观念。

实例三：

贝多芬于 1770 年诞生于德国莱茵河畔的波恩城。他的童年很不幸，不满八岁就被嗜酒成性的父亲强迫去卖艺维持生计。这种严酷的童年生活，使贝多芬很早就走上了以音乐谋生的道路。贝多芬虽然没有莫扎特的天赋和优越的学习条件，但他对音乐的热爱和孜孜不倦的学习愿望却是他的前辈所不及的。1797 年后，贝多芬患了耳聋病，病情逐年恶化。但是贝多芬坚守音乐理想，达到了令人难以置信的新的创作高峰，相继完成了《第三交响曲》《第九交响曲》等一系列不朽作品。

实例四：

达尔文的父亲是一位著名的医生，他希望自己的儿子能继承自己的事业，也当一名医生。可是达尔文无心学医，进入医科大学后，他成天去收集动植物标本。父亲对他无可奈何，又把他送进神学院，希望他将来当一名牧师。然而，达尔文仍然坚持他自己的理想——他 9 岁的时候就对父亲说："我想世界上肯定还有许多未被人们发现的奥秘，我将来要周游世界，进行实地考察。"为此，达尔文一直在积极准备。22 岁那年，经朋友推荐，达尔文以博物学者的身份登上了"贝格尔"号远航考察船，随船进行了为期 5 年的科学考察。经过 5 年的环球旅行，达尔文在动植物和地质等方面进行了大量的观察和采集，回国后又做了近 20 年的实验，终于在 1859 年出版了震动当时学术界的《物种起源》一书，书中提出了以自然选择为基础的进化学说。这一理论被称为 19 世纪自然科学三大发现之一。达尔文终于成为著名的博物学家，并被尊称为进化论的先驱。

上述这些古今中外的杰出人物都是坚守理想的楷模，同时也是能够为实现理想而付出艰苦努力的典范。我们在给别人送上祝福的时候经常使用"祝你心想事成"这句祝福语。怎么理解"心想事成"这个词语呢？是"想要什么就有什么"吗？当然不是，天上是不会掉馅饼的。我的理解是，只要你心怀坚定的理想，就会有拼搏的内在动力，并会为之付出艰苦的努力，所谓"事成"当然也就是水到渠成的事情了。还有一句话叫作"有志者事竟成"，这个"志"也是"理想志向"的意思，讲的其实也是同样的道理。理想只能靠实干来实现，加缪有一句名言——"对未来的真正慷慨，是把一切献给现在"，讲的就是只有愿意为实现自己的理想而付出艰苦的努力，才能够取得成功。

实例五：

公元前496年，越王允常去世，其子勾践继位。吴王阖闾趁越国丧乱之机发兵攻越，越国军民痛恨吴国乘人之危的行径，同仇敌忾，奋力抵抗，大败吴军，吴王阖闾负伤死在归途中。吴王夫差继位，经过三年潜心备战，于公元前494年率复仇大军杀向越国。越国水军几乎全军覆没，越王勾践逃到会稽山，越国向吴国屈辱求和。按照吴国的要求，越王勾践带着夫人和大臣范蠡去吴国服苦役，受尽嘲笑和羞辱。

回到越国后，勾践时刻不忘在吴国受辱的情景。他睡在杂乱的柴草上，还在自己的屋里挂了一只苦胆，每顿饭都要尝尝苦味，提醒自己时刻不忘在吴国的苦难和耻辱经历。他身着粗布衣服，顿顿粗茶淡饭，跟百姓一起耕田播种。公元前482年，越王趁夫差去黄池会盟，偷袭吴国成功，吴国只好求和。后来越国再次起兵，灭掉吴国，一雪前耻。

其实，在我们的身边也有很多坚持理想、取得成功的典型事例。每年都有许多同学考取名牌大学的研究生，有许多已经博士毕业，也有许多同学通过创业取得成功。这些同学都是坚持理想、励志成才的典范。当然也有一些同学浑浑噩噩地度过了大学四年，究其原因就是没有树立自己的理想，或者虽然树立但却没有坚守自己的理想，迷失了自己。大家是否听过那个关于毛毛虫的小故事？故事是这样的：

一天，一条小毛虫朝着太阳升起的方向缓慢地爬行着。它在路上遇到了一只螳虫，螳虫问它："你要到哪里去？"小毛虫一边爬一边回答："我昨晚做了一个梦，梦见我在大山顶上看到了整个山谷。我喜欢梦中看到的情景。我决定将它变成现实。"螳虫很惊讶地说："你烧糊涂了？还是脑子进水了？你怎么可能到达那个地方？你只是一条小毛虫耶！对你来说，一块石头就是高山，一个水坑就是大海，一根树干就是无法逾越的障碍。"但小毛虫已经爬远了，根本没有理会螳虫的话。

小毛虫不停地挪动着小小的躯体。突然，它听到了蜥螂的声音："你要到哪儿去？"小毛虫已经开始出汗，它气喘吁吁地说："我做了一个梦，我想把它变成现实。我梦见自己爬上了山顶，在那里看到了整个世界。"蜥螂不禁笑着说："连拥有健壮腿脚的我，都没有这种狂妄的想法。"小毛虫不理蜥螂的嘲笑，继续前进。

后来，蜘蛛、鼹鼠、青蛙都以同样的口吻劝小毛虫放弃这个打算。但小毛虫始终坚持向前爬行……

终于，小毛虫筋疲力尽，累得快要支持不住了。于是，它决定停下来休息，并用自己仅有的一点力气建成一个休息的小窝——蛹。最后，小毛虫"死"了。

山谷里，所有的动物都跑来瞻仰小毛虫的遗体，那个蛹仿佛也变成了梦想者的纪念碑。一天，动物们再次聚集在这里，突然大家惊奇地看到，小毛虫贝壳状的蛹开始绽裂，一只美丽的蝴蝶出现在他们面前。随着轻风吹拂，美丽的蝴蝶翩翩飞到了大山顶上，重生的小毛虫终于实现了自己的梦想……

这个美丽的故事告诉我们这样一个人生哲理：人活在世界上，不能没有梦想，为了自己的梦想，我们要付出艰辛的努力。每个人都应该拥有自己生命的辉煌，但是那辉煌不是别人给予的，而是自己创造的，所以人们常说，有梦想才能有作为，有行动才能有成功。

每个人都有自己的理想，但是有的坚如磐石，有的危如累卵，有的人能够时时谨记在心，有的人转眼就抛诸脑后。林语堂把理想和行动比作实现人生价值的阶梯，他说："梦想无论怎样模糊，总潜伏在我们心底，使我们的心境永远得不到宁静，直到这些梦想成为事实为止。"理想是美好的，但没有意志，理想不过是瞬间即逝的彩虹。要使"梦想成为事实"，行动才是唯一的手段和保证。有人说，大学毕业 20 年是一个关口，那些坚持梦想的人和随波逐流的人的生命在那个时点将会呈现出明显的不同。希望同学们都能够成为自己人生理想的坚守者和践行者，只要你拥有坚定的梦想和踏实的行动，你就一定能成为那条最终登上"顶峰"的毛毛虫。

## 二、主动适应

怀揣理想，满怀求学进步的美好愿景，这是大家在大学阶段的学习中取得成功的前提。但是要将理想变为现实，还需要具体的行动。我们从熟悉的家乡来到一个几乎完全陌生的环境，面临着生活自理、管理自治、目标自选、学习自觉、思想自我教育等一系列问题，迅速完成从高中到大学的过渡，尽快适应大学阶段的学习和生活，这是大学生们必须首先面对和解决的现实问题。

适者生存。从中学步入大学，从大学步入社会，从一种生活环境进入另一种生活环境，从一个人生阶段步入另一个人生阶段，都需要我们学会积极主动地适应。"适应"是个体根据环境的需要，积极主动地调整自己，从而达到一种良好的生存、发展状态，并与环境保持平衡的动态过程。从某种意义上说，我们的人生就是一个不断适应环境的过程。"适应能力"则是人通过心理上、生理上以及行为上的各种适应性的改变，与周围环境达成和谐状态的能力，包括自我改变以适应环境的能力和改变环境使之适合自己需要的能力，其外延包括环境融入能力、文化理解和接受能力、生活自理能力、人际交往能力、自我约束和调节能力等等，它反映了个体融入社会并为社会所接纳的能力。

大家刚刚进入大学，面临着生活环境、学习环境和人际关系等许多方面的变化，如表 1-1 至表 1-3 所示：

表 1-1　　　　　　　　　　　生活环境的变化

| 项目 | 中学 | 大学 |
| --- | --- | --- |
| 管理方式 | 直接的"保姆式"管理 | 间接的指导性管理 |
| 生活空间 | 学校和家庭 | 校园集体生活 |
| 生活内容 | 单一贫乏 | 丰富多彩 |

**表 1-2** 　　　　　　　　　　　　学习环境的变化

| 项目 | 中学 | 大学 |
|---|---|---|
| 学习任务 | 升学；学习基础知识 | 就业；学习专业知识和技能 |
| 学习内容 | 课程少、内容浅、不定向 | 课程多、内容深、定向 |
| 教学方式 | 灌输式教学；被动学习 | 研讨式教学；自主学习 |
| 学习管理 | 学习自由度小 | 学习自由度大 |

**表 1-3** 　　　　　　　　　　　　人际关系的变化

| 项目 | 中学 | 大学 |
|---|---|---|
| 交往对象 | 家庭成员、老师、同学 | 同学、同乡、老师、陌生人…… |
| 交往方式 | 单一<br>（主要是学习交往） | 多样<br>（学习、生活、网络、社团……） |
| 交往要求 | 不强烈 | 强烈 |

大学生入学之初，由于离开了家乡、家人和熟悉的同学，一下子进入了不熟悉的环境和陌生的人群，又面临着学习内容的改变和学习方式的调整，很多同学往往会表现出一定程度的不适应，从而不可避免地进入一段时间的学习生活适应期。由于同学们的适应能力不一样，这段时间可能是几个月，也可能是半年甚至更长的时间。相对来说，附近区域的同学由于饮食、气候、文化、语言差异较小的原因，可能更加易于适应新的生活环境，外地同学则可能需要更长的适应期。

既然如此，我们的问题就是，如何尽快迈过这道门槛，踏准大学学习生活的节奏，缩短这段适应期，更快更好地融入大学阶段的学习中去。关于这个问题，我们认为可以从以下几个方面着手：

第一，尽快熟悉大学校园的生活学习环境。熟悉环境是适应环境的前提，这个生物界的一般生存法则同样适用于人类世界。同学们入学之初，学校会进行入学教育，主要是介绍学校的基本情况，让同学们参观教学楼、图书馆、餐厅、运动场等教学生活设施。这些活动的目的就是帮助大家熟悉校园环境，消除陌生感，尽快适应大学生活。当然，同学们也应该主动去熟悉校园环境，包括了解各个教学楼内教室的位置分布，图书馆内部阅览室、自修室、借书处等的位置分布和借阅图书的流程，医务室、校园修读点、超市、浴室、银行的分布，以及其他健身、娱乐、生活设施的设置情况等，总之就是要尽快熟悉新的生活学习环境。

第二，尽快与同寝室、同班级的同学熟悉起来，建立良好的人际关系。有的同学缺乏集体生活的经历，不懂得关心他人，难以融入集体，甚至逐渐对集体产生排斥，这不利于尽快适应大学生活。人是具有社会性的动物，拥有知心朋友和志同道合的小伙伴，会有助于我们尽快适应新的生活环境。相反，缺少朋友会增加人的孤独感，从而影响人对于新环境的接受和融入。

第三，在心态上，要主动适应，积极调整，从心理上接纳你的大学生活。俗话说："环境不会改变，解决之道在于改变自己。"托尔斯泰说："世界上只有两种人：一种是观望者，一种是行动者。大多数人都想改变这个世界，但没人想改变自己。"我们难以改变外界环境，但是我们可以主动适应外部环境，积极调整和改变自己，改变自己看待周围环境的心态和目光。自己改变之后，你会发现其实身边每一样事物看上去都是那么美好，此时环境不就是已经改变了吗？

人往往对原来已经熟悉的生活环境心怀留恋，而对于陌生的新环境总觉得这儿也不对劲，那儿也不习惯，从而会产生一种排斥心理，这实际上是人的心理防御机制在起作用。弗洛伊德在其精神分析学说中最早提出了"心理防御机制"的概念。他认为这是一种无意识的心理反应，用以防止为社会规范所限制的不能接受或不能直接表达的本能冲动，并使"自我"与"超我"和外界现实协调起来。消除这种源自本能的排斥心理对于适应新的环境是非常重要的。你需要告诉自己，这就是你的大学，这就是你未来 4 年的家，你就是这里的主人，你不是来做客的，你已经成为这个学校的一员，你是大学学习生活的参与者，而不是旁观者，更不是局外人。

也有的同学对自己的大学感到失望，从而在心理上怅然若失，不愿意接受即将开始的大学生活。对于这种情况，我们主张如果不能走回头路，那就一切向前看，适应意味着宽容地接受。俗话说"既来之，则安之"，与其自暴自弃，不如奋勇一搏。从根本上来说，未来成功与否主要还是取决于个人的努力，就读的学校再好，如果没有个人的努力和付出，也会成为庸才。日本著名演员高仓健年轻时总是想着有朝一日能够逃离不利于自己发展的环境。他的这种想法使他几乎面临"下岗"的危机。此时，朋友告诉他要努力去适应这个环境，要想让环境因你而改变是不可能的。后来他试着改变自己，让自己融入外部环境中去，最终他就像一只淡水鱼适应了大海的环境，成为一名国际明星。

第四，主动出击，积极适应大学的学习方式，而不是被动应对或消极应付。进入大学的专业学习阶段之后，学习内容主要不再是高中阶段的语、数、外等这些基础课程，学习方法上也主要采取学生主体、教师主导的教学模式，这些变化是每一个大学生都必须面对的。如何更快地适应这些变化呢？我们觉得秘诀就是主动出击，勤奋进取，积极适应。比如要采取"课前认真预习"+"课堂用心听课"+"课后扎实复习"的三步走学习模式，如果学有余力还要通过图书馆和网络进行"课余拓展学习"，这种积极主动的学习态度和学习模式会使你成为学习的主人，而不至于疲于应付、被牵着鼻子走，从而不断增强学习自信心，更好地适应大学阶段的课程学习。

第五，树立自立意识，提高自理能力。大一新生对大学生活的不适应往往与其缺乏自立意识和自理能力有关。中学阶段，大家在家里都是十指不沾阳春水的"少爷""小姐"，过着衣来伸手、饭来张口的生活，养成了凡事依赖父母的习惯。但是进入大学之后，大家要住集体宿舍，自己去打水，到拥挤的食堂排队吃饭而且饭菜可能不合口味，自己洗衣服，自己买日用品，原来一个人睡 2 米宽的床，现在睡的则是 2 米高的床，而且颇有一种担心睡梦中从床上掉下去的恐惧……总之学校生活中的事务都得自己费心打理。大家对于这种变化的不适应是难免的，此时你需要告诉自己，这是自己必须面对、必须经历的，而且将来你们成家立业以后担负的还要更多。很多事情虽然看起来简单，做起来却可能很烦琐，你们必须逐步学会自理自立，独立地处理这些事务，别无选择。

总之，适者生存。尽快适应大学生活是每一个大学生都必须面对的，解决这个问题并没有什么诀窍，关键就是要从心态上主动地"亲近"大学生活，积极地融入大学生活。

## 名言佳句

1. 三军可夺帅也，匹夫不可夺志也。

——孔子

2. 士贵立志，志不立则无成。

——孟子

3. 天行健，君子以自强不息。

——《周易》

4. 志不立，天下无可成之事。

——王阳明

5. 命为志存。

——朱熹

6. 百学须先立志。

——朱熹

7. 志当存高远。

——诸葛亮

8. 古之立大事者，不惟有超世之才，亦必有坚忍不拔之志。

——苏轼

9. 人若志趣不远，心不在焉，虽学无成。

——张载

10. 千磨万击还坚劲，任尔东西南北风。

——郑板桥

11. 世界无难事，只畏有心人。有心之人，即立志之坚也，志坚则不畏事之不成。

——任弼时

12. 生活的理想，就是为了理想的生活。

——张闻天

13. 水激石则鸣，人激志则宏。

——秋瑾

14. 世界上最快乐的事，莫过于为理想而奋斗。

——苏格拉底

15. 人类的心灵需要理想甚于需要物质。

——雨果

16. 抱负是高尚行为成长的萌芽。

——莫格利希

17. 在理想的最美好世界中，一切都是为最美好的目的而设。

——伏尔泰

18. 我宁可做人类中有梦想和有完成梦想的愿望的、最渺小的人，而不愿做一个最伟大的、无梦想、无愿望的人。

——纪伯伦

19. 对于年轻人来说，未来是一个仙境。

——塞拉

20. 理想失去了，青春之花也便凋零了，因为理想是青春的光和热。

——罗曼·罗兰

21. 每个人都有一定的理想，这种理想决定着他的努力和判断的方向。

——爱因斯坦

22. 理想就在我们自身之中，同时，阻碍我们实现理想的各种障碍，也在我们自身之中。

——卡莱尔

23. 生活中没有理想的人，是可怜的。

——屠格涅夫

24. 伟大的理想只有经过忘我的斗争和牺牲才能胜利实现。

——乔万尼奥里

25. 理想是指路明灯。没有理想，就没有坚定的方向，而没有方向，就没有生活。

——托尔斯泰

26. 人，只要有一种信念，有所追求，什么艰苦都能忍受，什么环境也都能适应。

——丁玲

27. 我要用一生去实现心中美好的愿望，即便那是一条没有尽头的路，走向远方，又有远方。

——汪国真

28. 让理想与兴趣一起编织未来，人生必将精彩。

——黄俊闻

29. 人生的真正欢乐是致力于一个自己认为伟大的目标。

30. 理想，是前进的双翼；志向，是奋斗的动力。

31. Catch the star that holds your destiny, the one that forever twinkles within your heart. Take advantage of precious opportunities while they still sparkle before you. Always believe that your ultimate goal is attainable as long as you commit yourself to it. （追随能够改变你命运的那颗星，那颗永远在你心中闪烁的明星。当它在你面前闪耀时，抓住这宝贵的机会。请谨记，只要你坚持不懈，最终的目标总能实现。）

32. 明白事理的人使自己适应世界；不明事理的人想使世界适应自己。

——萧伯纳

33. 既然不能驾驭外界，我就驾驭自己；如果外界不适应我，那么我就去适应他们。

——蒙田

34. 生活可能是不公平的，但你要去适应它。

——比尔·盖茨

35. 圣人不能为时，而能以事适时，事适于时者，其功大。

36. 在罗马就要按照罗马的方式办事。

——英国谚语

37. 重要的不是环境，而是对环境做出的反应。

——鲍勃·康克林

38. 在任何特定的环境中，人们还有一种最后的自由，就是选择自己的态度。

——维克托·弗兰克尔（纳粹德国集中营幸存者）

39. 我觉得坦途在前，人又何必因为一点小障碍而不走路呢？

——鲁迅

40. 我们必须以现实做出发点，我们既不能像孙行者的摇身一变，脱离这个现实的世界，翻个筋斗到天空里去，那么我们只有向前干的态度，只有排除万难向前奋斗的一个态度……我们既不能逃避现实，就不能逃避这种种，就只有设法来对付这种种。

——邹韬奋

41. 环境不会改变，解决之道在于改变自己。

42. 少许的主动就可以使你生活中的运气大增。

43. 物竞天择，适者生存。

## 课后实践

1. 思考并明确你的理想是什么，你为什么确立这一理想。与同学交流分享你的理想。

2. 搜集坚持理想、励志成功的典型人物或经典事例，与同学分享你的学习感受。

3. 你是否适应了大学阶段的学习和生活？如果没有，思考并制订一个尽快适应大学学习生活的方案，并认真执行。

4. 思考并与同学交流你对以下两句话的理解：（1）凡夫转境不转心，圣人转心不转境；（2）智者顺时而谋，愚者逆时而动。

5. 围绕"坚持理想，主动适应"这个主题，写作一份演讲稿，制作 PPT，准备一次 10 分钟的演讲。

## 课余拓展

1. 海伦·凯勒. 假如给我三天光明 [M]. 李汉昭，译. 北京：华文出版社，2002.

2. 刘墉. 下一站，成功 [M]. 武汉：长江文艺出版社，2004.

3. 李少聪. 男孩要有理想，女孩要有梦想 [M]. 北京：人民邮电出版社，2014.

4. 和你的同学一起观看电影《当幸福来敲门》，交流你们的感受，体会影片中的那句经典台词："You got a dream, you gotta protect it !"（如果你拥有梦想，就一定要认真守护它。）

## 梦想和坚持

### 马云

我刚才在门口一听说要演讲，就有些激动，立即就想到了两个词：梦想与坚持。我想跟大家讲，作为一个创业者，首先要给自己一个梦想。在 1995 年我偶然有　次机会到了美国，然后在那儿我接触到了互联网。虽然接触到了互联网，但由于我不是技术人才，对技术几乎完全不懂，所以到目前为止，我对电脑的认识还是部分停留在收发邮件和浏览网页上，我今天早上还在说，到现在为止我还搞不清楚该怎么样在电脑上用 U 盘。但是这并不重要，重要的是你的梦想到底是什么。

1995 年我发现互联网有一天会改变人类，可能会影响人类的方方面面，但是谁能够将它改变？它到底该怎么样影响人类？这些问题我在 1995 年没有想清楚，但是隐隐约约感觉到这是将来我想干的。所以回来以后我请了 24 个朋友到我家里，大家坐在一起，我说我准备从大学里辞职，要做一个互联网，叫 Internet。那个时候互联网不叫"互联网"，那个时候把它翻译成"因特耐特"。因为自己不懂技术，所以我花了将近两个小时来说服这 24 个人，说这是一个很有意思的事情。两个小时以内，我肯定没讲清楚什么是互联网，他们肯定也听得糊里糊涂。两个小时以后，大家投票表决，23 个人反对，1 个人支持。大家觉得这个东西肯定不靠谱，别去做那个，你电脑也不懂，而且根本不存在这么一个网络。但是经过一个晚上的思考，第二天早上我还是决定辞职去实现我自己的梦想。为什么这样呢？我发现今天我回过来想，我看见很多游学的年轻人是晚上想象千条路，早上起来走原路。晚上出门之前说明天我将干这个事，第二天早上仍旧走自己原来的路线。如果你不去采取行动，不给自己的梦想一个实现的机会，你永远没有机会，所以我"稀里糊涂"地就走上了创业之路。

我把自己描述为一个盲人骑在一只瞎的老虎上面，所以根本不明白将来会怎么样，但是我坚信互联网将会对人类社会有很大的贡献。1995 年时不太有人相信互联网，也不觉得互联网对人类有这么大的贡献。那个时候我觉得互联网将改变人类生活的方方面面，但是没有人相信我。然后我说比尔·盖茨说互联网将改变人类的方方面面，结果很多媒体就把这个事登了出来，但是这句话其实是我说的。1995 年时比尔·盖茨还在反对互联网。

有了理想以后，我觉得最重要的是给自己一个承诺，承诺自己要把这件事做成功。很多创业者都觉得那个条件没有，这个条件也不具备，该怎么办？我觉得创业者最重要的是创造条件。如果机会都成熟的话，一定轮不到我们。所以当大家都觉得这是个好机会，都觉得机会成熟的时候，我觉得往往已经不是你的机会。你坚信这事情能够做的时候，给自己一个承诺，说我准备干五年，我准备干十年干二十年，把它干成功，我相信你就会走得很远。在一次跟创业者交流的过程中，我说创业者的激情很重要，但是短暂的激情是没有用的，长久的激情才有用。一个人的激情也没有用，很多人的激情才会有用。如果你自己富有激情，但是你的团队没有激情，那一点用都没有。怎么让你的团队跟你一样充满激情面对未来、面对挑战是极其关键的事情。

在这儿我想跟大家分享一个坚持和梦想或者是信任的案例。

阿里巴巴上市一个月以后，我把我们公司超过五年以上的员工集中在一起，问大家一个问题：我们现在上市了，有钱了，可以说是相当有钱了，但是为什么我们今天有钱？是因为我们比别人聪明吗？我看未必，至少我认为我不聪明。从小学到大学，我很少考进前五名，当然我也没跌至十五名以后。我没有觉得我聪明，因为很多人考数学、考什么都比我行。你觉得我们比人家勤奋？我看这世界上比我们勤奋的人非常之多，比我们能干的人也非常之多。但为什么我们成功了，他们没有成功？在我看来，我 500 多名经过五年以上历练的同事，绝大部分的智商都比我高，因为七八年以前阿里巴巴没有名气，我们没有品牌、没有资金，人们也不一定相信电子商务，那个时候非常难招员工，我们开玩笑说街上只要会走路的人，不是太残疾，我们都招进来了。

但是经过五六年，我们这些人居然都很有钱了，大家都有了成就感。为什么？我觉得就是因为我们相信我们是平凡的人，我们相信我们一起在做一些事情。那个时候认为自己很能干的人、相当出色的人，全部离开了我们——因为有猎头公司把他们请走了，也有些人想说他们不同意这个观点、不认可互联网，或者不同意这样的方式方法，他们到另外一个公司做创业。另外一些人没人"挖"，也不知道该去哪儿，到其他公司也找不着工作，就待下去，一待就待了七八年，今天都成功了。事实上也是这样，傻坚持比不坚持要好很多，所以我觉得创业者给自己一个梦想，给自己一个承诺，给自己一份坚持，是极其关键的。

另外，我想创业者一定要想清楚两个问题：第一，你想干什么。不是你父母让你干什么，不是你同事让你干什么，也不是因为别人在干什么，而是你自己到底想干什么。第二，你需要干什么。想清楚想干什么的时候，你要想清楚，你该干什么而不是你能干什么。

创业之前很多人说，他们有这个、他们有那个，他们能干这个、他们能干那个，所以一定比别人干得好。我一直坚信，这个世界上比你能干、比你有条件干的人有很多，但最想干好这件事情的人，全世界应该只有你一个人，这样你就会更有机会一点。所以要想清楚你想干什么，然后要想清楚该干什么、不该干什么。

在创业的过程中，四五年以内，我相信任何一家创业公司都会面临很多的抉择和机会。在每次抉择过程中，你是不是还是像第一天、像自己的初恋那样记住自己第一次梦想？这至关重要。

其实，阿里巴巴做电子商务，这么多年来，经受的各种各样的批评、指责非常之多——有人说中国不具备做电子商务的条件，中国没有诚信体系，没有银行支付体系，基础建设也非常差，你凭什么去做电子商务？那你说我怎么办？等待机会？等待别人来？等待国家建好？等待竞争者进来？我觉得创业者如果没有诚信体系，就创造一个诚信体系；如果没有支付体系，就建设支付体系——我们只有这样，才有机会。九年的经历告诉我，没有条件的时候，只要你有梦想，只要你有良好的团队坚定地执行，你就能够走到成功的彼岸。

当然，这九年以来，我最感到骄傲的事情不是取得了什么成绩，不是说九年能活下来，而是我们每一次碰上灾难、每一次遇到挫折，都做出了正确的决定，并走出了困境。中国需要大批的创业者，我也坚信中国需要大批的中小型企业，因为能解决中国 13 亿人口就业问题的一定是中小型企业。

　　我希望创业者给自己承诺、给员工承诺、给社会承诺、给股东承诺，永远让你的员工、让你的家人、让你的股东可以睡得着觉；绝对不能有任何偷税漏税的行为，不能做任何危害社会的事情。做到这些，我今天回去面对我的家人、面对我的员工、面对我员工的家人、面对我的股东，内心就是坦荡的。我们也犯了很多的错误。现在外面有很多写阿里巴巴如何成功的书，说实在的，没有一本书我看过，也没有一本书是我自己写的，或者接受过采访。将来我想写一本《阿里巴巴的一千零　个错误》。我们犯的错误非常之多，所以最后想跟所有创业者和准备创业的朋友说，今天很残酷，明天更残酷，但后天很美好。绝大部分人死在明天的晚上，所以我们必须每天努力面对今天。

　　（转引自：http://www.360doc.com/content/18/0406/20/53567334_743365573.shtml。内容有删减）

# 第二讲

## 明确目标　合理规划

■本讲要点

　　理想是人生的灯塔，指引着我们航行的方向。但是，要成就不平凡的人生，只有玄远的理想还不够，还要有明确、具体的目标和科学、合理的规划。大学的路需要自己来设计、自己去跋涉。初入大学的同学必须首先询问自己以下几个问题：大学四年的阶段性目标是什么？学期目标是什么？大学四年的学习规划是怎样的？本学期的学习规划是怎样的？这是大家必须首先自问自答的问题。本讲就围绕着"目标"和"规划"这两个话题展开。

## 一、明确目标

高考成功并不等于人生成功。许多鲜活的事例可以说明这一点：

四川的张同学曾经四次参加高考，被媒体称为"四川考霸""高考钉子户"。2002年，他被复旦大学录取，因不满意未去报到；2003年，他考入北京大学信息科学技术学院，一年以后因沉迷网络游戏挂科7门而退学；复读一年后他又考入清华大学数理基础科学专业，结果一年以后再次因多门课程挂科而退学；2007年，他再次以677分的成绩考入清华大学环境工程专业。

新疆也有一名"考霸"安同学。他参加过4次高考，先后考上过北京大学和清华大学，但都因在校时迷恋网络而被劝退。他1999年应届毕业考入大连医科大学，大三时觉得自己还是应该去上梦想的北京大学、清华大学这样的名校，于是主动退学；2002年他考入北京大学计算机系，一年半后因为迷恋上网而被学校劝退；2004年他又考入清华大学土木工程系，两年半后再次因为迷恋上网而被学校劝退；2007年他高考考出了663分的高分。当得知儿子被北京大学环境科学系录取时，他父亲甚至做好了让儿子参加第五次高考的准备。"儿子说不想上北京大学，因为一直惦记着在清华土木工程专业就读时保留的那5个学期的学分。我给他做了不少思想工作，最后那小子总算同意了。"老安说。

湖北的周同学也因迷恋网络游戏、不适应大学生活而两进两出武汉大学、两进一出华中科技大学。

..............

上述事例中的几名同学的确是高考奇才，考取北京大学、清华大学就像到邻居家串门一样，他们都不可谓不聪明，但是他们进入大学之后的表现可实在是让人不敢恭维了。为什么会这样呢？简单地说，就是成于有目标，毁于无目标。高中时，他们心怀考取名校的远大理想，迸发出了惊人的能量。但是当考取名校实现理想之后，他们并没有确立新的人生理想，就像一艘轮船从河流奋力驶入大海，但一驶入大海却突然不知道该去往何方了，没了理想也就失去了前进的动力。更进一步说，就是他们进入大学之后，没有确立新的奋斗目标，也没有对大学生活进行科学、合理的规划。事实上，这样的例子在我们身边比比皆是。由于进入大学后生活环境、学习环境突然改变，加之一些"高考奇才"虽然学习能力超群，但是适应环境能力和自我管理能力比较差，以致进入大学之后不能正确地面对大学阶段的学习和生活，未能确立新的人生目标，结果一切处于茫然、混沌状态，最终导致生活、学习难以走上正轨。

浙江大学原校长竺可桢曾在开学典礼上说："诸位在校，有两个问题必须自己问问：第一，你来浙大做什么？第二，将来毕业后做什么样的人？"我们也可以比照着自问：第一，大学四年的目标是什么？第二，大学四年的规划是什么？

笔者以为，对于初入大学的同学来说，明确的目标和合理的规划是最重要的两件事。如果我们把大学四年比作攀登高峰，那么目标就是峰顶，而规划则是通往峰顶的路径，明确目标就是要搞清楚"去哪儿"，合理规划就是确定如何可以更好地到达目的地，或者说目标是"结果"，规划则是"过程"。如果我们能够每天沿着既定的路径向峰顶攀登，还会迷失方向吗？断然不会！

车尔尼雪夫斯基说："没有目标，哪来的劲头？"科学研究表明，是否具有清晰的目标是影响一个人未来发展的极为重要的因素。耶鲁大学对智力、学历条件相近的若干研究对象进行过一项长达 25 年的跟踪研究，科学地论证了目标对于人生的重要影响。研究成果如表 2-1 所示。

表 2-1　不同目标对人生的影响

| 比例 | 25 年前 | 25 年后 |
| --- | --- | --- |
| 27% | 没有目标 | 生活在社会的底层，生活过得很不如意 |
| 60% | 目标模糊 | 生活在社会的中下层，并无突出成就 |
| 10% | 有清晰但较短期的目标 | 生活在社会的中上层，在各自领域取得了相当的成就 |
| 3% | 有清晰且长期的目标 | 成为各领域的顶尖人士 |

大一不是"高四"，这是一个完全不同的学习阶段，学习内容和学习方法都发生了很大的变化，大学生一定要在入学之初就确立清晰的目标。有了明确的目标，"University"就是"有你我心喜"；没有明确的目标，"University"则可能成为"由你玩四年"。

大学只是另一场旅途的起点
先要为自己找一个目标

　　既然确立目标如此重要，那么作为一名大学生，我们应该如何树立自己大学四年的学习目标呢？首先需要注意的是，确立目标应坚持因人而异、具体问题具体分析的原则。很显然，每个同学的情况都是不同的，大家应综合考虑自己的学习能力、职业愿景、个人性格、兴趣爱好、家庭因素等来确定学习目标。有人提出了一种"5W分析法"，笔者觉得很有借鉴意义，我们可以通过自问五个方面的问题来确立自己的学习目标：其一，Who am I？（我是谁？）其二，What will I do？（我想做什么？）其三，What can I do？（我会做什么？）其四，What does the situation allow me to do？（环境支持或允许我做什么？）其五，What is the plan of my career and life？（我的职业与生活规划是什么？）大家可以从以上5个方面对自己的情况进行一个全面的剖析，确立明确而合理的目标。对于每一位同学而言，这是一项非常重要的工作。

　　大家需要注意，目标的设定应该具有一定的层次性。目标可以包括长期目标（人生目标）、中期目标（大学目标）、短期目标（学期目标）和近期目标（月份目标）等等。俗话说计划不如变化，目标并不是一经设定就一成不变的，越是远期的目标相对来说越是不稳定，但哪怕是一个相对模糊的目标，也好过没有目标，所以虽然人生目标看起来很遥远，但我们仍然很有必要思考一下这个问题，当然这并不妨碍我们以后根据个人发展情况进行人生目标的适时调整。相对而言，大学阶段的中期目标、本学期的短期目标以及本月、本周的近期目标一定要明确，因为这是当务之急，是直接指引和规范我们当下学习、生活的最紧要的工作。

　　欧洲有一句谚语说得好："瞄准天空的人总比瞄准树梢的人要射得高。"中国也有一句有名的谚语："山高有攀头，路远有奔头。"我们设定的目标当然应该"高大上"一些，以便更好地激发我们的内在动力。但是需要注意，目标的设定也不能高不可及，它应该在我们奋力一跳后可以触摸到的范围之内，应该是我们通过努力可以达成的。俞敏洪曾说："人生的奋斗目标不要太大，认准了一件事情，投入兴趣与热情坚持去做，你就会成功。"相反，如果一个目标是我们设立时就明知不可能实现的，那它就无异于水中月、镜中花，对我们学习进步的激励作用肯定是非常有限的。

## 二、合理规划

　　沿着最佳的路径攀登才能最快地到达峰顶。同样的道理，目标的实现需要科学和合理的规划来促成。俗话说："前不算，后要乱。"没有科学和合理的规划，目标就很有可能会落空。

有位同学曾经这样改编影片《大话西游》中的经典台词：

曾经有一个很好的大学生活放在我的面前，我没有珍惜。等到虚度过后才追悔莫及，人世间最痛苦的事莫过于此！如果上天能够让我再上大学，我会对大学生活说三个字——"规划它"。如果一定要给这个规划加上一个时间，我会毫不犹豫地说"现在"！

想必这位同学作为"过来人"一定是有着切身的体会，不然很难有这样彻心彻骨的领悟。古人说："凡事预则立，不预则废。"的确，如果能够在入学之初就对大学生活进行良好的规划，使自己的大学学习生活始终保持在正确的轨道上，怎么会因虚度大学生活而追悔莫及呢？

规划可以分为人生的长期规划，大学四年的中期规划和学期、季度、月份的短期规划（计划）。俗话说：知己知彼，百战不殆。进行具体的规划之前，我们需要先进行一个全面的个人评估，通过自我剖析、亲友评价等方式客观地分析一下自己的优点和缺点，从而明确哪些方面应该进一步发扬，哪些方面是自己的短板，需要着力进行改善和提高，并将其在规划中予以体现，明确进一步改善和提高的措施和方案。经过全面的梳理和分析，我们可以得到一个明确的个人评估结果，如：

> **优点：**学习努力，有上进心；责任心较强；自我约束能力、自我管理能力较强；做事比较谨慎稳重；文字表达能力较强；英语基础较好……
>
> **弱点：**性格偏于内向；对数字不敏感；组织协调能力较差；解决问题的能力有待进一步提高；独立意识较差；自理能力一般；人际交流能力一般……

如何对四年大学学习生活进行中期规划呢？笔者认为主要有两种方法。这两种方法可以单独使用，也可以并行使用。下面我们以法学专业大学四年中期规划为例进行一个简要的说明。

第一，按照年级递进的顺序进行规划。

大学四年规划

**大学一年级**

目标：搞好专业学习；锻炼综合素质和职业能力。

内容：

● 严格遵循"四步学习法"搞好专业课学习。

● 学好英语和计算机，阅读一些专业著作、人物传记和励志书籍。

● 学会运用网络工具搜集学习资料，更好辅助自己的专业学习。

● 适当参与社会实践活动。

**大学二年级**

目标：搞好专业学习；参与社会实践；进一步提升综合素质和职业能力。

内容：

● 严格遵循"四步学习法"搞好专业课学习，寻找专业兴趣点并有针对性地进行课外拓展学习，扩大自己的知识面。

● 参与社会实践活动，提升综合素质，锻炼职业能力。

● 通过大学英语四级考试，掌握常用办公软件的使用方法。

● 根据未来职业需要，广泛阅读一些哲学、政治学、历史学、管理学、经济学、心理学、文学等方面的书籍。

**大学三年级**

目标：搞好专业学习；锻炼研究能力；有意识地为司法考试和考研进行前期准备。

内容：

● 结合专业课学习撰写学术论文，锻炼研究能力。

● 明确考研方向和报考学校，做好考研信息的收集整理工作，研读相关导师的学术著作和学术论文。

● 进行司法考试的前期准备。

**大学四年级**

目标：完成毕业实习；撰写毕业论文；准备面试（研究生、公务员等）；准备就业。

内容：

● 完成毕业实习，提高职业能力。

● 围绕考研方向或未来职业方向，搜集资料，撰写毕业论文。

● 了解面试流程，学习面试技巧，准备各类面试。

● 参加就业招聘会，强化求职技巧训练，准备就业。

第二，按照具体事项进行规划。

大学四年规划

一、关于专业学习

二、关于英语学习

三、关于综合素质的提升

四、关于职业能力的培养

五、关于社会实践

六、关于考研

…………

长计划，短安排。我们也可以比照上述四年中期规划来制定本学期、本季度、本月份的短期规划，这些规划最好以书面形式来呈现，张贴在自己的书桌前，时时提醒自己不忘初心。除了这些之外，建议大家也要有每一天的小计划——可以随便写一写，简要做一个记录；也可以前一天晚上在头脑中过一遍，记在心里。笔者个人的习惯是每天晚上睡觉之前想一想第二天要做哪些事情，先干什么，再干什么，怎么安排比较合理，等等，大致在头脑里有个总体安排即可。如果事情比较多，担心会有遗忘，可以在一张纸上列明一下，或者在手机备忘录里记录一下。这样第二天的工作思路就比较清晰了，既不会耽误工作，还会使各项工作井井有条，提高工作效率。工作有序了，自己的心情也好，做事的效果自然也会更好一些。

所以，笔者建议同学们睡觉前做两件事：一是定好起床的时间；二是在头脑里对第二天的学习生活进行一个大致的安排，比如几点起床，几点到几点晨读，几点吃饭，几点去上课，下课后去图书馆复习或预习，几点吃午饭，午睡多长时间，下午几点去上课，几点去运动或购物，晚上几点到几点晚自习，几点到几点回宿舍整理内务，睡前记半个小时英语单词，等等。这样的安排大家可能觉得学习占的分量太重了，但大家注意，大学生本来就应该以学习为主，此时不学，更待何时？当然周末时间可用一半来学习、一半休息，睡睡懒觉、逛逛街、看看电影都是可以的，弦也不能老是绷得紧紧的。从某种意义上说，不会放松和休息就不会工作和学习。当然，每个人都有自己不同的生活节奏和学习习惯，大家应该根据自己的特点和习惯来制订自己的每日计划。

另外，笔者还要建议的是，在学习计划中一定要安排适量的锻炼时间。身体是本钱，失去了健康，一切都归零。还有就是要善于充分利用零散的时间来学习英语。有的同学说回想大学时光就是在学英语，实际上这就是学习规划出了问题，跑偏了。英语学习贵在反复，学习方法是"天天都要学一点，时时拿出来看一看"，但不要拿出全部的时间学英语。如果为了通过英语四级、六级考试，忽视了专业课的学习，那就得不偿失了，至少说明我们的时间规划出了问题。

俗话说，今日事，今日毕。在计划实施的过程中，一定要严格要求自己认真完成计划，确保计划执行的严肃性，不能轻易动摇。计划执行起来今天打八折，明天打七折，时间久了，自己就会越来越懈怠，所谓计划也就形同虚设了。

规划有时候需要修正，计划有时候会被思虑不及的意外情况打乱，这都是难以避免的。遇到这种情况适时调整、灵活处理就可以了。但是灵活处理不等于随意取消原来的计划，如果今天因临时取消而没有完成某些计划事项，那么明天就要紧一紧，再补回来才行。同样的道理，如果今天的计划执行得非常顺利，不妨把明天的某些计划内容提前到今天完成。

气可鼓，不可泄。我们一定要养成严肃对待、认真执行学习计划的好习惯。如果计划执行令自己满意，一定别忘了适时犒赏一下自己，给自己加加油、鼓鼓劲。

有计划胜过无计划。计划之所以重要，是因为：一是可以避免我们迷失，防止我们跑偏；二是有助于我们合理地分配和利用时间，提高时间使用的效率。很多成功人士都是掌控时间的大师。著名书画家齐白石老先生90岁后仍坚持每天作画，过着十分有规律的生活。他的墙上挂着自己的座右铭：不让一日闲过。连齐白石老先生都如此惜时，我们有什么理由不惜时呢？许多伟大的人物，如诺贝尔、居里夫人、鲁迅……

他们也都善于管理时间，并且是分秒必争的。

我们身边善于利用时间、取得成功的同学也有许多。如同学金某，大学期间加入学生会担任学生干部，同时学习也十分出色，大三即考取某名校硕士研究生，毕业后又考取某名校博士研究生。同学王某某，大学期间担任班长，大四时不仅通过了司法考试，还考取了著名高校硕士研究生，硕士研究生毕业后又考取了另一所著名高校的博士研究生。另一名男同学庞某某大学期间担任校学生会宿管部部长，工作繁忙，但他仍然以优异成绩考取了某著名高校的硕士研究生。这些同学都应该成为我们学习的榜样。

俗话说，良好的开始是成功的一半。同学们，改变命运的钥匙掌握在自己手里，成功的机遇总是偏爱从一开始就有准备的人。最后，让我们以下面几句歌谣共勉吧！

---

**昨日歌**

昨日兮昨日，昨日何其好！昨日过去了，今日徒烦恼。

世人但知悔昨日，不觉今日又过了。

水去汩汩流，花落日日少。

成事立业在今日，莫待明朝悔今朝。

**今日歌**

今日复今日，今日何其少！今日又不为，此事何时了。

人生百年几今日，今日不为真可惜。

若言姑待明朝至，明朝又有明朝事。

为君聊赋今日歌，努力请从今日始。

**明日歌**

明日复明日，明日何其多？我生待明日，万事成蹉跎。

世人若被明日累，春去秋来老将至。

朝看水东流，暮看日西坠。

百年明日能几何？请君听我明日歌！

---

## 名言佳句

1. 目标会使你胸怀远大的抱负，目标会在你失败时赋予你再去尝试的勇气，目标会使理想中的我与现实中的我相统一。

2. 成功就是一个人事先树立了有价值的目标，然后循序渐进地变为现实的过程。

3. 一个想成功的人，必须有远大的抱负和分阶段的目标。

4. 无目标的努力，如同在黑暗中远征。

——英国谚语

5. 当一个人知道自己的目标去向时，这个世界就会为他让路。

6. 在一个崇高的目标支持下，不停地工作，即使慢，也一定会获得成功。

——爱因斯坦

7. 伟大的目标构成伟大的心灵。

——英国谚语

8. 一个崇高的目标，只要不渝地追求，就会成为壮举。

——华兹华斯

9. 人生的意义不在于他所达到的，而在于他所希望达到的。

——纪伯伦

10. 胸中没有大目标，一根稻草压断腰；胸中有了大目标，泰山压顶不弯腰。

——中国谚语

11. 对十一只盲目的船来说，所有方向的风都是逆风。

——英国谚语

12. 灵魂如果没有确定的目标，它就会丧失自己，因为俗语说得好，无所不在等于无所在。

——蒙田

13. 生命里最重要的事情是要有个远大的目标，并借才能与坚毅来达成它。

14. 没有目标，哪来的劲头？

15. 有了长远的目标，才不会因为暂时的挫折而沮丧。

——查尔斯·C. 诺布尔

16. 要有生活目标，一辈子的目标，一段时期的目标，一个阶段的目标，一年的目标，一个月的目标，一个星期的目标，一天的目标，一个小时的目标，一分钟的目标。

——托尔斯泰

17. 要达成伟大的成就，最重要的秘诀在于确定你的目标，然后采取行动，并朝着目标前进。

——博恩·崔西

18. 我们的未来取决于我们的目标以及为实现目标而付出的努力。

——佚名

19. 我们的生活就像旅行，思想是导游者；没有导游者，一切都会停止，目标会丧失，力量也会化为乌有。

——歌德

20. 所有成功人士都有目标。如果一个人不知道他想去哪里，不知道他想成为什么样的人、想做什么样的事，他就不会成功。

——诺曼·文森特·皮尔

21. 设立目标，实现目标，再设立新的目标，这就是成功最快速的方法。

22. 有什么样的目标，就有什么样的人生。

23. 如果你想要快乐，那就设定一个目标，这个目标要能指挥你的思想，释放你的能量，激发你的希望。

——安德鲁·卡耐基

24. 拥有第一流目标的人，才能够创出第一流的事业。

25. 目标要远大，不达目的决不罢休。

——波·杰克逊

26. 要把目标时刻放在心上，体现在行动上。

27. 目标的坚定是性格中最重要的力量源泉之一，也是成功的利器之一。没有它天才也会在矛盾无定的迷径中徒劳无功。

——查士德·斐尔

28. 事情有没有可能，就看你决心够不够。

29. 态度决定高度，成败在于决心。

30. 乐观主义者总是想象自己实现了目标的情景。

31. 许多人之所以一生一事无成，是因为他们不知道自己到底要做什么。

32. 朝着一定目标走去是"志"，一鼓作气中途绝不停止是"气"，两者合起来就是"志气"。一切事业的成败都取决于此。

——卡内基

33. 幸运之神会光顾世界上的每个人，但如果他发现这个人并没有准备好迎接他，他就会从大门走进来，然后从窗户飞出去。

——佚名

34. 勇气通往天堂，怯懦通往地狱。

——佚名

35. 人生能走多远，不要问双脚，而要问志向。

——佚名

36. 凡事预则立，不预则废。

——《礼记》

37. 至诚可以前知，预测未来才能做好计划。

——曾仕强

38. 闲时无计划，忙时多费力。

——佚名

39. 计划往往夭折于实施之前，这或者是由于期望太高，或者是由于投入太少。

——T. J. 卡特赖特

40. 让我们将事前的忧虑，换为事前的思考和计划。

## 课后实践

1. 运用 5W 分析法，确定你的长期目标（人生目标）、中期目标（大学目标）、短期目标（学期目标）和近期目标（月份目标），与你的同学分享你设定的目标，看看大家有什么建议，进一步完善它。

2. 通过自我剖析、亲友评价等方式客观地分析一下自己的优点和缺点，完成一份书面的"个人评估报告"。

3. 在进行个人评估的基础上，制定一份大学生涯规划书。

4. 围绕"明确目标，合理规划"这个主题，撰写一份讲座稿，制作 PPT，准备一次 10 分钟的演讲。

## 课余拓展

1. 苏引华. 设计你的人生［M］. 北京：九州出版社，2017.

2. 关明华. 人生教科书［M］. 北京：人民交通出版社，2016.

3. 卡洛琳·米勒. 人生目标清单 [M]. 周莹，湛巍，译. 北京：华夏出版社，2012.

## 课外链接

附录一：

### 大学新生应知应晓

1. 学习是中心，如果你学习失败了，你就什么也不是。

2. 每个人都有潜在的能量，只是很容易被习惯所掩盖，因时间而迷离，为惰性所消磨。

3. 学会理财，不要乱花钱。

4. 你大学的朋友很可能就是你将来事业的一部分，他们可能会帮助你，但是记住，首先你自己要努力。

5. 大学可能有真实的爱情，但是记住只是可能。很多时候他们是因为别人都谈恋爱而羡慕，或者别的原因而在一起。所以，不必为任何分手而受太大的伤，记住，真爱，还是值得追求的。

6. 别说脏话，你应该知道习惯的力量。

7. 好好利用在公共场合说话的机会，展示自己，锻炼自己。

8. 永远不要瞧不起大学里的贫困生。

9. 不要担心是否能够成功，既然选择了远方，便只顾风雨兼程。

10. 不要随便花钱请客。

11. 尊严是最重要的，要让自己的尊严有足够大的承受力。要知道，社会是一个最喜欢打碎人的尊严的地方，除了你自己，没人为你保留它。

12. 你有足够的理由佩服每天早起的人，不信的话，你去做，做到后会发现有很多人佩服你呢。

13. 经常给家里打个电话，即使他们说不想你。

14. 别怕丢人，那是通向成功的尝试，当然，也不要嘲笑那些上台丢人的人。

15. 如果你大学四年很少去图书馆的话，你就浪费了一大笔财富。所以，常去那里，随意翻翻，亦有收获。

16. 不论男生还是女生，如果在大学里还把容貌当作重要的东西而过分重视的话，可能当时不会吃亏，但是早晚都会吃亏。

17. 与其抱怨不公平，不如努力奋斗去争取公平。

18. 千万别迷恋网络游戏。

19. "我爱你"，别对太多人说这句话。我的意思是，希望你只对一个人说，这是尊重你爱的人，更是尊重你自己的感情。

20. 注意锻炼自己理性处事的能力，遇事能冷静并快速想出办法的人，最厉害。

21. 如果你的个性让很多人对你敬而远之，那么你的个性是失败的，个性的成功在于能吸引，而不是能排斥。

22. 不要嘲笑你的老师无知，一般来说，老师总比学生强。

23. 从绝望中寻找希望，人生终将辉煌。

24. 不要抽烟，不要酗酒。

25. 记住，赢得胜利唯一的方法永远只有一个，那就是实力。

26. 对向你表达爱意的人，不管你是否接受，你都应该感谢对方，这是对他（她）应有的尊重。

27. 要抽时间锻炼身体，好处多多。

28. 不要嫉妒他人，心怀嫉妒之人难成大事。

29. 大学是一个新环境，是重新塑造自己形象的好机会，改掉以前的缺点，展现自己的全新形象。

30. 能够冲动，表明你对生活怀有激情；总是冲动，表明你还不懂生活。

31. 别抱怨大学英语四、六级之类的考试，那是证明你能力的好机会。

32. 莫过于耿直，莫过于圆滑，外圆内方即可。

33. 别渴望做个任何人都不得罪的人。

34. 要有魄力，即使是失败，也不要让自己的人生平庸。

35. 后悔是一种耗费精神的情绪，是比损失更大的损失、比错误更大的错误，所以不要后悔。

36. 多笑笑，你会真正快乐起来。

附录二：

## 对大学生活的建议

进入大学后，大家明显会有点失落感，哪怕是再好的学校，身在其中也感觉不出它的好来……这是很正常的，大学就是一个学习的场所，哪怕再不堪，其实也不会影响真正热爱学习的人。

空虚，是进入大学后很常见的症状，日子一下从中学时代如箭在弦般的紧张变成近乎无拘无束的生活，人就很容易变得慵懒，所以对于刚进大学的同学，你的目标就要先定下来，没有目标的日子是盲目的。四年后的路你决定怎样走？其实无外乎两条：就业和升学。而无论选择工作还是考研，你都得逐步积攒自己的资本，以便在将来的就职竞争或是研究生考试中脱颖而出。

英语和计算机能学多好就学多好，尽力而为。

如果学有余力，可以学第二外语，比如日语、法语等。

大学里很容易出现网络综合征，女生容易迷上追剧聊天，男生容易迷上游戏。大学的时间我们不可能全部用来学习，适度地安排一些娱乐活动无可厚非，但大学还是应该以学习为主的，不能过多地沉溺于这些。

图书馆是应该常去的。大学时间充裕，所以应该把大学作为扩充知识面的一个最佳机会。很多书籍还是很值得一看的，对完善我们的知识结构也有很大帮助。

关于运动，大学阶段是锻炼身体和改良体型的最佳时机。

关于处世，自己感兴趣的话，可以去参加一些校园活动，比如学生会、社团、艺术团等，有助于锻炼自己的处世能力。

关于社会实践，可以从事助教、助研、家教等勤工俭学工作，但注意，一定要有亲戚或者熟人推荐，以免受骗。

关于恋爱，要做到彼此负责，目的应是共建一个幸福美满的家庭，而不是一场游戏；否则，害人害己。

附录三：

## 把握人生目标，做一个主动的人

对于中国年轻人来说，"李开复"这个名字可谓无人不知、无人不晓。这个生在中国台湾、游学于美国，长期在苹果、SGI、微软、谷歌担任高管的人，是一个标杆式的人物，堪称中国年轻人的"思想教父"。李开复在年轻人中名声如此之大、被无数年轻人视为偶像，是因为李开复对自己的未来一直有一个清晰的目标，并积极主动地采取行动，全力而为，一步步走近自己的目标。

有人问李开复人生目标是什么，李开复不假思索地说："人生只有一次，我认为最重要的就是要有最大的影响力，能够帮助自己、帮助家庭、帮助国家、帮助世界、帮助后人，能够让他们的日子过得更好、更有效率，能够为他们带来幸福和快乐。"这个目标是李开复在大学二年级时就树立起来的。对于李开复来说，这个宏大的目标不是一个空洞的口号，而是他最好的智囊，曾多次帮他解决了工作和生活中的难题。

比如1998年时，李开复放弃了在美国的舒适工作，只身来到中国创立微软中国研究院。当时许多人都认为微软中国研究院不可能成功，李开复是在自毁前程。然而李开复却认为，这项工作有更大的影响力，可以帮助更多的人，与自己的人生目标完全吻合。在这个目标的激励下，李开复带领自己的团队将微软中国研究院建成了一个颇具规模、具有国际水准的研究机构，他们发表的论文质量超过了亚洲任何类似的科研组织，足以挑战美国最先进的高校。

再比如，当李开复给身处迷惘的学生回信时，他首先想到的是"如何让回信有更大的影响力，帮助更多的中国学生"。正是在"影响力"这个人生目标的指引下，李开复果断地做出了许多重大的人生决定，不断地从成功走向更大的成功。

清晰而长远的目标是一个人走向成功的动力和指路明灯，它能帮助我们走上正确的人生道路，给我们带来期盼，激励我们奋勇前行，即便在奋斗过程中暂遇挫折，也能抖擞精神，再踏征程。在人生旅途上如果没有一个清晰而明确的长远目标，行动就会失去方向，花费再大的力气也到达不了目的地，很难取得突出成就。

美国著名演说家哈特瑞尔·威尔逊小时候生活在得克萨斯州东部的一条铁路旁。有一次，他与两个小朋友在一段废弃的铁轨上比赛谁走得更远。两个小朋友中一个身材普通，另一个则是小胖子。每次哈特瑞尔与较瘦的小朋友都走不上几步就掉了下来，而较胖的小朋友则能走得很远。这让哈特瑞尔非常不解，就问他的胖朋友是如何做到的。小胖子对哈特瑞尔解释说："你们两个在铁轨上走的时候，总是盯着自己的脚，所以总是掉下去。而我因为太胖了，看不到自己的脚，所以，我只能选择铁轨上远处的一个目标，并朝目标走去。接近目标时，我就再选一个目标，然后再向新的目标走去，所以我每次都能走很远。"多年以后，哈特瑞尔感叹道："要想让自己走得远，首先需要明确自己的目标是什么，清楚自己努力的方向。如果连目标都不明确，那么，肯定是做不成什么事的。"

现实中，我们可以看到，那些成功者都会为自己制定富有意义的目标，然后积极采取行动，朝着这些目标和方向努力。可以这样说，有没有明确而长远的目标，是成功者和失败者最大的区别。哈佛大学有一个非常著名的关于目标对人生影响的跟踪调查，对象是一群智力、学历、环境等条件都差不多的年轻人。调查发现：27%的人没有目标，60%的人目标模糊，10%的人有清晰但比较短期的目标，3%的人有清晰且长期的目标。25年的跟踪研究结果显示，那3%有清晰且长期目标者，25年来几乎都不曾更改过自己的人生目标，一直朝着同一个方向不懈地努力，25年后他们几乎都成了社会各界的顶尖成功人士，其中不乏白手创业者、行业精英、社会精英。那10%有清晰短期目标者，大都生活在社会的中上层，他们的短期目标不断达成，生活水平稳步上升，成为各行各业的不可或缺的专业人士，如医生、律师、工程师、高级主管等。至于那60%只有模糊目标者，几乎都生活在社会的中下层，安稳地生活与工作，但都没有什么特别的成绩。而那27%没有目标的人群，25年来则全部生活在社会的最底层，生活过得很不如意，常常失业，靠社会救济，并且常常都在抱怨他人、抱怨社会。调查者因此得出结论：目标对人生有巨大的导向作用，你选择什么样的目标，就会有什么样的成就、有什么样的人生。

为了实现自己的人生目标，在更大程度上发挥自己的影响力，帮助中国更多的年轻人，2009年，李开复决定放弃面对世界第一品牌的机会，放弃优厚的薪水和股票、放弃体面诱人的职位、放弃被天才包围的工作环境，离开Google公司，创办了一家帮助中国青年创业的"创新工场"，与中国青年一起打造一个新奇的技术奇迹。对此，李开复解释道："这是来自我内心深处的声音。当一个微小的火种慢慢地在心里闪烁并最终蔓延成燃烧的火焰，当一个并不清晰的潜意识渐渐地野蛮生长并成为明确的意志，我想，就是做出改变的时候了。我想用自己的主动性，去做一个掌控全局的工作。我要全力以赴，到达心中的下一个'理想国'。我已经到了这个人生阶段，再不去做，我怕真的来不及了。"人们常常认为，目标过于长远就难以实现。其实事情的难易，不在大小、远近，而在于是否能全力以赴地付诸行动。一个人追求的目标越远大，战胜压力的力量就越强，才会发展得越来越快。高尔基曾深有感触地说："一个人追求的目标越高，他的才能就发展得越快，对社会就越有益，我确信这是一个真理。这个真理是由我的全部生活经验，也是我观察、阅读、比较和深思熟虑过的一切确定下来的。"

可是，我们该如何才能发现自己的人生目标呢？李开复告诉我们："只有一个人能告诉你人生的目标是什么，那个人就是你自己；只有在一个地方能找到你的目标，那就是你心里。我建议你闭上眼睛，把第一个浮现在你脑海里的理想记录下来。或者，你也可以回顾过去，在你最快乐、最有成就感的时光里，是否存在某些共同点？你也可以想象一下，十五年后，当你达到完美的人生状态时，你将会处在何种环境下？从事什么工作？其中最快乐的事情是什么？它们很可能就是最能激励你的人生目标了。只要你能俯下身子，脚踏实地，一步一个脚印地奋力前行，这些目标终究会实现。"

从本质上看，缺乏激情或上进心的人十有八九是没有人生目标的人。年轻人似乎更容易因缺乏目标而陷入迷惘和痛苦中，但若一个人拥有对自己、对家庭、对社会的理想和责任，他就更容易形成自己的价值观，并确立长远的目标。

（转引自豆瓣读书：https：//book. douban. com/reading/25868930/）

附录四：

## 规划大学生涯的具体方法

（一）大一："六二二"法

进入大一，我们要熟悉环境，需要建立新的人际关系和行为模式，需要找到新的学习方法，需要突破原来思维对我们的局限，需要提高自我认识。

60%的时间：主动交往和熟悉环境，建立良好的人际关系。

20%的时间：寻找新的学习方法，扩大自己的知识面，准备相应的过级考试，为大二做准备。

20%的时间：娱乐、运动。大家不要小看这些，不要以为这是浪费时间。娱乐和运动与做人、做事、相处和思维有较强的关联性，从中我们还可以学会自我调节。

（二）大二："四四二"法

到了大二，我们的自我认识、时间和目标管理应该再上一个新台阶，建议大家做如下安排：

40%的时间：知识和技能——专业学习、过级考试，准备考研究生，在专业学习的同时培养自己的创新能力、动手能力。

40%的时间：能力和素质培养——人际交往、悦纳、感恩、细心、耐心、责任心、观察力、想象力、思考力、适应力、承受力、领悟和总结能力等。

20%的时间：适度娱乐和多样的运动。

（三）大三："一二二五"法

进入大三，我们要开始实践了，建议如下：

10%的时间：娱乐和运动。

20%的时间：知识和技能学习、实践。

20%的时间：能力和素质发展、检验。

50%的时间：自我认识，总结，提升今后拟从事的工作所需要的相关素质，收集相关信息，尝试并模拟操作。

（四）大四："七二一"法

大四到了，我们的选择可以这样：

70%的时间：考研或者找工作。

20%的时间：知识技能和能力素质。

10%的时间：娱乐和运动。

——郑州大学社团联合会文宣部（内容有删减）

附录五：

## 统筹方法

### 华罗庚

同样的时间，有人可以做五件事情，但有人连一件事情都做不完。这是何故？相信华罗庚先生的这篇短文《统筹方法》，一定可以解答你的心头疑惑。让我们一起品读一下这篇虽然简短而浅显但却影响许多人一生的文章吧。

统筹方法，是一种为生产建设服务的数学方法。它的适用范围极为广泛，在国防、在工业的生产管理中和关系复杂的科研项目的组织与管理中，皆可应用。

比如，想泡壶茶喝。当时的情况是：开水没有。开水壶要洗，茶壶、茶杯要洗；火已升了，茶叶也有了。怎么办？

办法甲：洗好开水壶，灌上凉水，放在火上；在等待水开的时候，洗茶壶、洗茶杯、拿茶叶；等水开了，泡茶喝。

办法乙：先做好一些准备工作，洗开水壶，洗茶壶茶杯，拿茶叶；一切就绪，灌水烧水；坐待水开，泡茶喝。

办法丙：洗净开水壶，灌上凉水，放在火上；坐待水开，开了之后急急忙忙找茶叶，洗茶壶茶杯，泡茶喝。

哪一种办法省时间？谁都能一眼看出，第一种办法好，因为后两种办法都"窝了工"。

这是小事，但这是引子，引出一项生产管理方面有用的方法来。

开水壶不洗，不能烧开水，因而洗开水壶是烧开水的先决问题。没开水、没茶叶、不洗茶壶茶杯，我们不能泡茶，因而这些又是泡茶的先决问题。它们的相互关系，可以用以下的箭头图来表示：

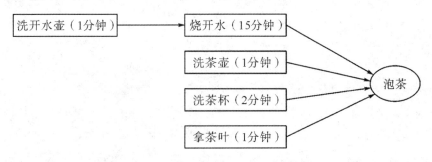

从这个图可以一眼看出，办法甲总共要 16 分钟（而办法乙、丙需要 20 分钟）。如果要缩短工时、提高工作效率，主要抓的是烧开水这一环节，而不是拿茶叶这一环节。同时，洗茶壶茶杯、拿茶叶总共不过 4 分钟，大可利用"等水开"的时间来做。

是的，这好像是废话，卑之无甚高论。又如，走路要用两条腿走，吃饭要一口一口地吃，这些道理谁都懂，但稍有变化，临事而迷的情况，却也有之。在近代工业的错综复杂的工艺过程中，往往就不能像泡茶喝这么简单了。任务多了，几百几千，甚至有好几万个任务；关系多了，错综复杂，千头万绪，往往出现"万事俱备，只欠东风"的情况，一两个零件没完成，耽误了一台复杂机器的出厂时间。也往往出现这样的情况：抓的不是关键，连夜三班，急急忙忙，完成这一环节之后还得等待旁的部件才能装配。

洗茶壶、洗茶杯、拿茶叶没有什么先后关系，而且同是一个人的活，因而可以合并为：

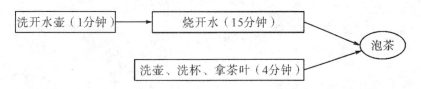

用数字表示任务，上面的图形可以改为：

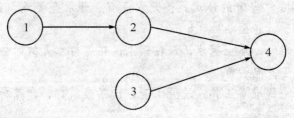

1——洗开水壶；2——烧开水；3——洗壶、洗杯、拿茶叶；4——泡茶。

看来这是"小题大做"，但在工作环节太多的时候，这样做就非常有必要了。

这里讲的主要是有关时间方面的问题，但在具体生产实践中，还有其他方面的许多问题。使用这种方法虽然不一定能直接解决所有问题，但是，我们利用这种方法来考虑问题，却是不无裨益的。

# 第三讲

# 学习为重　综合提升

╭┈┈ ■本讲要点 ┈┈┈┈┈┈┈┈┈┈┈┈┈┈┈┈┈┈┈┈┈┈┈┈┈┈┈┈┈┈┈┈╮

　　毫无疑问，学生的任务就是学习，学习当然是大学生的第一要务。大学阶段的学习要特别注意"专"和"博"两个方面。所谓"专"就是搞好专业学习，专业扎实才能为自己未来的职业发展奠定坚实的基础；所谓"博"就是重视通识知识的学习，实现自身素质的综合提升，这样才能使自己的职业发展有强大的后劲，具备可持续性。学习为重，综合提升，两者不可偏废。

╰┈┈┈┈┈┈┈┈┈┈┈┈┈┈┈┈┈┈┈┈┈┈┈┈┈┈┈┈┈┈┈┈┈┈┈┈┈┈┈┈┈┈┈┈╯

## 一、学习为重

　　有一句话使我一直受益——把事当事干。这句话很简单、很朴实，但却蕴含着一个很深刻的道理，就是"认真做事才能得到成功的青睐"。对于老师来说，"把事当事干"就是把教学科研工作当"事"来认真对待；对于学生来说，"把事当事干"就是要把学习当"事"，作为校园生活的重心，时时放在心上，落实在行动上。你不把工作和学习当事，成功就不会把你当个事，道理就是这么简单，所以同学们一定要把专业学习当"事"来认真对待。高中阶段是基础教育，奠定的是大家的基本知识素质。大学阶段是专业教育，大家以后要依靠自己的专业知识在社会上立足。要知道，你的专业是你优于别人的知识领域，学习专业就是在打造你今后赖以谋生的饭碗，这个饭碗是金的、铁的，还是瓷的，很大程度上取决于你专业水平的高低，所以大家一定要重视专业学习，将其作为大学生活的重中之重，绝不能把专业学习这"事"抛到九霄云外去。

　　俗话说："学如逆水行舟，不进则退；心似平原走马，易放难收。"对于刚刚跨入大学门槛的新同学来说，一定要尽快找着"感觉"，绝不可自以为功成名就，便马放南山。人的心气就是这样，一旦彻底放松下来，就很难再紧张起来。

　　说清了大学专业学习的重要性，我们再谈一下如何展开大学阶段的专业学习。首先我们梳理一下大学学习有别于中学学习的特点：①学习的内容发生了变化，由过去的语文、数学、外语、物理、化学、政治、历史、地理等基础课程变成了专业课，不同专业的同学学习的内容大不一样。②老师的教学方式不一样。高中阶段学习以老师讲解为主，学生被动接受，老师一节课可能只讲两三页内容，手把手地教，甚至"逼"着学生学；大学教学倡导教师主导，突出学生的主体地位，老师一节课可能讲二三十页内容，学生甚至还需要主动进行课外拓展学习，有问题需要"追"着老师问。③教学管理模式不同。高中教学管理强调"人盯人"，要求老师"靠上去贴身防守"；大学里学生的自由度更大，辅导员老师既要管理大量学生，又要处理很多的事务性工作，不可能时时刻刻紧盯每一位同学，这就需要同学们有意识地强化自我管理能力。④高中阶段强调伏案苦读，有的放矢，考什么就学什么，怎么考就怎么学；大学要求既要伏案学习，也要站起来"四面观望"，拓展知识视野，提升综合能力。总之，大一不是高四，在学习内容和学习方法上都有比较大的变化，大学阶段的学习要求学生具有更强的积极性和主动性，特别是更强的主体意识。

在具体的操作层面上，建议大家采取"四步走学习法"。

第一步是课前预习。课前预习的目的是提前对即将学习的课程内容进行初步的了解。预习方法就是对即将学习的章节内容提前进行通读，明确哪些内容是已经理解的，哪些是尚有疑问的，可以在教材上用铅笔做一些标记。对于预习阶段已经理解的相对浅显的内容，上课时可以略听甚至不听；对于尚有疑问的部分，则要在课堂上认真听讲，力求搞明白，如果听讲之后仍感困惑，则应该在课间或下课后与老师进一步交流解决。总之，课前预习实际上就是为课堂听课做准备，力求做到上课前对教学内容"心中有数"：哪些教学内容已经懂了，哪些还不懂；哪些教学内容需要详听，哪些可以略听，哪些可以不听。人的精力是有限的，在大学里，同学们有时一上午要上四节课，这么长时间，要始终保持注意力是很困难的。通过预习，大家可以做到课堂听课张弛有度，从而取得更好的学习效果。

第二步是课堂听课。如果同学们在连续的课堂听课过程中能够始终保持高度注意力当然是非常好的，但实际上具备这种定力的人并不多。所以大家应该主动调整，根据课前预习的情况，学会有选择地听讲，这样学习效果可能会更好一些。研究表明大学生保持课堂听课注意力的时间约为20分钟。很多同学都有这样的体验，刚开始上课时还能够集中注意力听课，但听着听着就走神了，就是这个原因。所以，大学老师在讲课过程中会时不时地结合课程内容讲一些实例或相对浅显的内容，或在每堂课的后半段安排一些课堂讨论，其目的就是尽量使学生的注意力集中在课堂教学上。大家应该积极参与课堂讨论。一方面，积极参与课堂教学过程有助于使自己保持对课堂教学的注意力；另一方面，参与课堂讨论也有助于锻炼自己的表达能力。当然，参与课堂讨论的情况也会被老师计入平时成绩，并影响到课程最终的总评成绩。

第三步是课后复习。经过课前预习和课堂听课环节后，大家对相关课程内容应该会有一个比较系统的认识，但是到此还没有结束，大家还要在课后重温一下课堂讲授的内容。其目的，一是趁热打铁，尽快再把老师讲授的内容回顾一遍，加深印象；二是看预习阶段存在的疑问是否通过课堂学习解决了。如果解决了，可以在笔记本或教材的相应位置记录一下；如果没有解决，则可以结合老师所讲再深入思考一下，看是否可以自行解决。仍然解决不了的，则可以在下次上课的课前、课间或课后与任课老师交流解决。总之，课后复习的目的就是重温、巩固所学知识和清理疑难。

第四步是课外拓展。如果说课后复习意在巩固，那么课外拓展的目的就在于提升。与中学阶段不一样，大学阶段的课程学习不应该仅仅满足于教材的学习，特别是那些学有余力或志在考研的同学，一定要注意有意识地进行课外拓展学习。课外拓展学习的方法是阅读专业著作和学术论文，实际就是有意识地接触本专业的学术前沿，了解相关的专家学者及其研究成果和思想观点，进一步拓展思路。获取课外拓展学习资料的途径包括图书馆借阅、购买、网络下载等。

如果大家能够按照上述"四步走学习法"展开大学阶段的学习，那么一定会取得很好的学习效果。

关于大学阶段的学习，再提醒大家注意以下几点：

第一，树立自主学习意识，培养自主学习能力，增强学习的自主性。自主意识是一种主人翁意识，这种意识在任何领域中都发挥着不可低估的作用。自主学习意识是积极主动、独立自主地支配和管理自己学习时间的意识。自主学习能力是有效安排和管理自己学习的能力。现代教育强调教学以学生为主体，教师起主导作用，把获取知识的主动权还给学生，从根本上改变学生在教学过程中消极、被动的地位。这就要求大家改变高中阶段习惯于被动接受知识的学习惯性，提高学习的自主性。打个比方说，不是有什么就吃什么，而是身体需要什么、想吃什么就去找什么，不是被动地等别人喂食，而是学会自己主动去觅食。更具体地说，我们需要积极主动地按照"四步走学习法"安排好平时的专业课学习，同时有意识地通过多种途径进行课外的拓展学习，做到缺什么就补什么，从而全面提高自己。

第二，注重与老师的交流。对于不能理解的问题，应及时与任课教师交流，可以是课间交流、发短信、打电话、发邮件、课程教学 QQ 群留言等方式。个人认为师生利用课间时间进行面对面交流最为有效，对于具有一定普遍性的问题，老师也可以即时在课堂上向全班同学统一进行解释和说明。如果问题能够以寥寥数语方便地予以回复，短信方式也是不错的选择。如果打电话与老师就疑难问题进行交流，则要注意尽量不要影响老师的休息和正常工作。发邮件的沟通方式更适合于假期彼此距离较远的时候。一般来说，老师为了课程学习过程中师生沟通方便，都会建立各自的课程教学 QQ 群，大家也可以在 QQ 群里留言，这种方式尤其便于师生和同学之间的专题研讨交流。

第三，积土成山，积水成渊。学习是一个日积月累的过程，只要努力做好当下每件事，成功自然会水到渠成。有许多同学入学就抱有考研、考公务员的雄心壮志，这当然很好，但也要注意凡事都要遵循规律而为，必须一步一步地来，不能操之过急。在大一、大二阶段，大家可以在按部就班地用心搞好专业课学习的基础上，结合自己的学习兴趣、未来的职业发展规划、个人家庭情况等因素确定考研的方向，并注意搜集了解有关学校的研究生招生信息，大致确定拟报考学校的范围。同时，有意识地围绕考研方向有关课程加强课外拓展学习，阅读一些相关的著作和论文，了解国内外相关领域专家学者的思想主张。到了大三上学期，也就是第 5 个学期，就应该最终确定考研方向和报考学校，并购买专业课的学习资料，同时对公共课的考试范围进行了解。此时建议大家制订一个学习计划，协调好平时专业学习和考研复习之间的关系。

第四，善于充分运用网络资源促进自己的学习。同学们赶上了好时代，为了给学习提供有力的支持和保障，许多同学一入学就"全副武装"，电脑、手机无不精良，看上去像是"拼了老命"也要搞好学习的样子。确实，这些科技产品为我们的学习拓展了渠道和空间。我们可以在百度文库、中国知网、超星数字图书馆等下载专业书籍、学术论文等各种学习资料，也可以在优酷网、爱奇艺网获得许多视频学习资料。另外，通过网易公开课、北大哲学课、新浪公开课、哈佛公开课、微课圈、百词斩等手机APP应用软件，我们也可以获得丰富的学习资源。可以说，这些网络学习渠道和学习资源已经极大地促进了教育的公平。不论你就读哪所学校，都可以通过网络平等地获取海量的教育资源。如果大家能够充分运用这些技术手段和学习资源，相信一定会收获满满的。

令人遗憾的是，实际的情况往往并非如此。入校之后，许多同学的电脑成了游戏机、影碟机，手机成了QQ、微信的代名词。原本的学习工具反耽误正事，男生沉迷于游戏，女生沉湎于韩剧，荒废时日，这就太可惜了。有些大学禁止大一新生配备电脑，因噎废食耶？抑或用心良苦耶？显然，问题的关键还在于大学生们一定要端正认识，加强自我约束，正确地运用这些技术手段。

第五，大家还要有意识地协调专业学习和各种考试（考证）的关系。有些同学迷恋于各种杂七杂八的考证，认为证书越多就证明能力越强，就越有利于就业，结果只是锻炼了应试能力，证书考了一大把，但却忽视了专业学习这个重中之重。我们认为除国家认可的、与本专业直接相关的、就业必需的证书考试之外，没有必要参加其他证书考试。比如会计专业的学生有必要参加会计资格考试，外语专业的学生有必要参加专业外语考试，法学专业的学生有必要参加国家司法考试，等等。我们注意到有的文科专业大学生参加计算机编程方面的过级考试，实在是没有必要。另外，大家还要注意力求融考试（考证）准备于平时的专业课程学习之中，协调好两者之间的关系。

## 二、综合提升

在大学阶段，同学们如果偏离了学习这个中心，那一定是得不偿失的。但是如果像高中阶段那样只是一味埋头苦学专业知识也是远远不够的。爱因斯坦曾经说："青年人离开学校时，应是作为一个和谐发展的人，而不只是作为一位专家。否则，他连同他的专业知识就像一只受过专业训练的狗，而不像一个和谐发展的人。"同学们将来踏入社会，走上工作岗位，不仅需要具备扎实的专业知识，还应该具有丰富的通识知识，也就是要做到"一精多通"；不仅要具备高智商，还要具备高情商，不仅要具备较强的工作能力，还要具备较强的交流表达能力、沟通协作能力和组织管理能力，也就是要实现"全面发展"。打个比喻来说，如果知识水平和工作能力是个人发展的基础，那么交流表达能力、沟通协作能力、组织管理能力就是个人发展的润滑剂。有人说："在中学阶段，学生伏案学习；在大学里，学生需要站起来，四面观望。"这句话讲的就是大学生要注意全面发展，综合提升。

大学阶段，培养各方面的综合素质与掌握扎实的专业知识同样重要。既然这样，除了学习专业知识和技能，当代大学生还需要在哪些方面进行综合提升呢？

第一，培养积极向上、乐观豁达的个性品质。人们常说，良好的个性胜于卓越的才智。大学生要有意识地培养自己优良的个性品质，这主要包括：

（1）培养自信心。自信是一种心理正能量，不是轻率高傲，表现为一股沉稳执着坚毅的内在力量。挫折使人沮丧，导致自信心流失，而不断的成功则可以增强人的自信心。自信能使弱者变强，使强者更强，成功者往往是充满自信并且干劲十足的人。

（2）锻炼意志力。"自古雄才多磨难，从来纨绔少贤良。"通往成功的道路往往都是坎坷曲折、布满荆棘的。如果没有披荆斩棘、奋勇向前的顽强意志，往往会半途而废，难以到达成功的彼岸。"天将降大任于斯人也，必先苦其心志，劳其筋骨……"苦难是人生的财富，凭借顽强的意志克服艰难险阻，你一定会越练越强，成为人生的赢家。

（3）拥有好心态。好心态是指个性特征、认知、情绪、意志、行为等处于理想状态，具体体现为认知合理、情绪适当、意志理智、行为适当。好心态成就好人生。威廉·丹姆思说过："人只有改变内在的心态，才能改变外在的世界。"马斯洛也说："心态若改变，态度就跟着改变；态度改变，习惯就跟着改变；习惯改变，性格就跟着改变；性格改变，人生就跟着改变。"不同的年龄应该有不同的心态。大学生应拥有积极向上、踏实认真、勇于追求的积极心态。

（4）勇敢地面对和克服困难。人生从来就不是一帆风顺的，人生路上最艰苦的那一段往往收获最多。种种失败都需要我们勇敢地面对。对于怯懦者来说，困难是"绊脚石"；对于勇敢者来说，困难是"磨刀石"。乐吃苦中苦，方能成就奇迹伟业；勇登山上山，才可尽得无限风光。从某种意义上来说，经受磨难的过程就是积累幸福的过程。对于大学生而言，敢于面对磨难是一种勇气，能经受磨难是一种品质，正确看待磨难是一种睿智。

（5）常怀感恩之心。《现代汉语词典》将"感恩"定义为："对别人所给的恩惠表示感激。"感恩是一种歌唱生活的方式，它来自对生活的热爱与希望。对生活常怀感恩之心，感谢生活给予的一切，能使我们保持健康的心态、完美的人格和进取的信念。英国作家萨克雷说："生活就是一面镜子，你笑，它也笑；你哭，它也哭。"你感恩生活，生活将赐予你灿烂的阳光；你不感恩，只知道一味地怨天尤人，最终可能一无所有！从这个意义上说，感恩是一种处世哲学，是生活的大智慧。

第二，提升自我管理能力。对于个人来说，具备自我管理能力是获取成功的前提。诙谐作家杰克森·布朗曾经有过一个有趣的比喻："缺少了自我管理的才华，就好像穿上溜冰鞋的八爪鱼。眼看动作不断可是却搞不清楚到底是往前、往后还是原地打转。"那什么是自我管理能力呢？简单地说就是个体对自身，对自己的目标、思想、心理和行为等进行规划、控制和协调的能力，包括自己规划自己的能力、自己约束自己的能力、自己激励自己的能力、自己处理自己的事务的能力等等。如果你确有才华，而且足够努力，但却所获不多，那么你很可能是在自我管理上出了问题。现代戏剧之父易卜生曾经告诫：你的最大责任就是把你这块材料铸造成器。每个人都应该学会自我管理，学会把自己锻造成一个成功的人。

第三，培养组织协调能力。组织协调能力是根据工作任务，对资源进行分配，同时控制、激励和协调群体活动，使之相互融合，从而实现组织目标的能力。一般认为组织协调能力包括组织能力、冲突处理能力、激励下属能力等。有的同学参加工作之后表现突出，会被安排到领导岗位，从事组织管理工作，这就需要具有较强的组织协调能力，把下属的工作热情和工作能力充分激发出来，更好地实现工作目标。俗话说：

"为政之道，在于用人；为政之妙，在于沟通。"从事组织管理工作的核心就是把人用好，关键则是要搞好沟通协调，使组织成员相互了解，相互信任，达成共识，并共同付诸行动，实现组织目标。提高组织协调能力的方法，一是阅读一些书籍，掌握一些基本的理论知识，二是尽可能通过参与学生工作和社团活动等方面进行实践锻炼。

第四，增强协同合作能力。无论是在生活中还是在工作中，我们都不停地与周围的人打交道，合作共事，良好的交流合作对每个人都是有益的。有的人能够建立起良好的人际关系，顺畅地与他人交流合作，实现工作目标，最终促进了个人的发展。有的人人际关系紧张，不善于协同合作，单打独斗，职业发展道路越走越窄。究其原因，就在于后者不具备较强的与人交流的能力和协同合作的能力。

第五，提高与人交流的能力。关于提高与人交流的能力，我们认为有两个方面值得特别注意：

一是善于倾听，也就是善于倾听别人的观点。有人说，人之所以只有一张嘴却有两个耳朵，是因为"听"比"说"更加重要。有研究人员对同一批受过训练的保险推销员进行研究，取其中业绩最好的 10% 和最差的 10% 对比，研究他们每次推销时自己开口讲多长时间。研究结果很有意思：业绩最差的那一部分，每次推销说的话累计为 30 分钟；而业绩最好的 10%，每次累计只说 12 分钟。这不难理解，说得少自然听得多。听得多，对顾客的各种情况、疑惑、想法自然了解得多，说也就更有针对性了，结果业绩自然会更加优秀。

善于倾听还体现了听者对说者的尊重，能使你拥有好人缘。美国著名的人际关系学大师、西方现代人际关系教育的奠基人卡耐基，有一次到一位著名的植物学家家里做客，整个晚上植物学家都津津有味地给卡耐基讲各种千奇百怪的植物。而卡耐基呢？目不转睛，像个特别喜欢听故事的孩子，听得津津有味，中间只是偶尔忍不住问一两句。没想到半夜离开时，植物学家紧握着卡耐基的手，兴奋地对卡耐基说："你是我遇到的最好的谈话专家。"卡耐基一个晚上根本就没有说什么话，只是听，却居然获得了"最好的谈话专家"的美誉！

二是学会表达，包括口头表达和书面表达。口头表达能力不是一种天赋才能，可以通过刻苦训练得来。美国前总统林肯为了练口才，曾徒步 48 余千米，到一个法院去旁听律师们的法庭辩论，看他们如何辩论，如何做手势。他一边倾听，一边模仿。日本前首相田中角荣，少年时曾患有口吃病。为了克服口吃，练就口才，他坚持朗诵课文。为了准确发音，他对着镜子纠正嘴和舌根的部位，严肃认真，一丝不苟。如果你口头表达能力不佳，就有必要在充分准备的基础上，刻意在公共场合进行演讲，利用一切机会来锻炼、展示自己，增强自信心，提高自己的口头表达能力。书面表达能力是一项基本的职业技能，一些大学生进行书面表达时错字病句屡见不鲜，遣词造句言不达意，书面表达能力堪忧。怎么办？无它，多阅读、多背诵、多练笔，坚持一年半载，书面表达能力必然会有明显提高。

第六，拥有健康的身体和心理。身体健康是船，心理健康是帆，健康的身体和心理缺一不可。关于身体健康，建议大家都要有一项自己喜爱的体育运动，坚持进行身体锻炼，把体育锻炼和兴趣爱好结合起来，既有助于增强体魄，又有助于愉悦身心，促进学习。另外大家还要注意饮食卫生问题，远离没有卫生保障的地摊食品和饮料。

相较身体健康，大家往往不太重视心理健康问题。作为一个特殊的社会群体，大学生会面临许多特殊的问题，如对新环境和专业学习的适应问题、理想与现实的冲突问题、人际关系的处理问题、未来职业发展问题等。方方面面的心理压力很容易造成大学生的心理危机或心理障碍，进而引发心理健康问题。心理健康是学业进步、事业成功、生活快乐的基础，大学生应该主动调整情绪状态，锻炼意志品质，提高适应能力，加强自我心理调节，以积极进取、奋发有为的心理状态去面对充满竞争的社会环境。

第七，提高计算机、英语运用能力，说好普通话。随着科技的发展，使用计算机已经成为我们必须具备的基本工作技能。伴随中外各领域交流合作的不断加强，英语作为一门国际交流语言，也显得越来越重要。大学生是知识层次比较高的群体，必须重视计算机、英语运用能力的培养。说好普通话也非常重要。有许多同学进入大学后，仍然乡音不改，一口家乡话。大家来自五湖四海，将来工作也要奔赴五湖四海，说好普通话，既便于人际交流，也是对他人的尊重。有的同学可能会很为难：我死活改不了，怎么办呢？其实也不难，坚持每天7点钟跟着新闻联播播音员"鹦鹉学舌"，两三个月后就一定会有很大的改观。

第八，重视通识学习，进行知识拓展。大家在专业课程学习之外，还有必要有意识地通过通识课、公选课、跨院系听课等方式进行哲学、历史、经济、法律、管理、礼仪等知识的学习。专业学习实际上就是在打造自己未来的"饭碗"，是"金饭碗""银饭碗""铁饭碗"，还是"瓷饭碗"，取决于大家的专业能力。通识教育的目的则在于培养具备远大抱负、进取精神和高尚情操的健全的人，关注的是人的道德、情感和理智的和谐发展。丰富的通识知识和良好的通识教育，有助于专业能力的充分发挥，促进大学生职业生涯的可持续发展。

---

**【知识链接】**

### 大学生亟须提高自身的人文素质

所谓人文素质，是指学生通过人文社会科学知识的学习而形成的内在素养和品质，主要指文化素养和艺术修养。当代大学生普遍缺乏人文知识。据报载，浙江某工科院校在校内推行汉语水平测试，参加测试的700多名学生，实际通过率仅为36%。有的学生写简单的请柬，在格式、用语上也会出错。许多大学生在艺术修养、文字表达方面没有达到大学生应有的水平。有的大学生对阅读中外文学名著、学习中国传统文化反应冷淡，而对英语、计算机等考级非常热衷。在他们看来，拿到了某个等级的证书就意味着自己具备了相应的能力，而掌握人文知识与提高能力无关。事实上，掌握知识与提高能力是辩证统一的，没有一定的知识就不可能合乎逻辑地、正确地思维、推理、论证和创造；而能力又是进一步吸取知识、综合运用知识的必要条件。就人文知识而言，它可以内化为为人处世的能力，可以积淀为内在的文化素养。一名大学生，如果没有一定的文化素养和为人处世的能力，是很难在社会上站住脚的，更不要说有大的发展了。

---

第九，适当参加实践活动，提高实践能力。大学校园里活跃着很多社团组织。社团是大学生展示自我的舞台，目的在于提高大学生的课外实践能力，面对各种各样的社团组织，大家应该如何做出自己的选择呢？大家需要注意以下几点：

（1）学生社团的种类多种多样，但并非所有的都适合自己，大家选择社团时首先应该考虑自己的兴趣所在。

（2）参加社团组织固然好，但前提是不要与正常学习相冲突。有的同学觉得社团活动丰富多彩很有意思，就参加好几个社团，整天不是到这个社团开会，就是去那个社团值班，以至于严重影响学业，得不偿失。

（3）抱着功利性的想法去参加社团是非常不可取的。有的学生觉得参加社团可以在测评时加分，还可以获得一些荣誉称号；有的学生希望能够在社团中混个"一官半职"，以此来提高自己的知名度；有的学生认为如果不参加社团，自己的经历就会太单调，将来毕业简历上内容不够丰富……这些想法都是不可取的。通过参加社团活动，发展自己的兴趣爱好，提高自己的社交能力、实践能力、自制能力、生存能力，增进同学之间的相互了解，结识更多的新朋友，这才是参加社团活动的最终目的。

## 名言佳句

1. 学而不思则罔，思而不学则殆。

——孔子

2. 知之为知之，不知为不知，是知也。

——孔子

3. 知之者不如好之者，好之者不如乐之者。

——孔子

4. 积土而为山，积水而为海。

——荀子

5. 锲而舍之，朽木不折；锲而不舍，金石可镂。

——荀子

6. 不学不成，不问不知。

——王充《论衡》

7. 少而好学，如日出之阳；壮而好学，如日中之光；老而好学，如炳烛之明。

——刘向《说苑》

8. 读书破万卷，下笔如有神。

——杜甫

9. 读书之法，在循序而渐进，熟读而精思。

——朱熹

10. 读万卷书，行万里路，二者不可偏废。

——钱泳

11. 非学无以广才，非志无以成学。

——诸葛亮

12. 重复是学习之母。

——狄慈根

13. 好问的人，只做了五分钟的愚人；耻于发问的人，终身为愚人。

14. 求学的三个条件是：多观察、多吃苦、多研究。

——加菲劳

15. 世事洞明皆学问，人情练达即文章。

——曹雪芹

16. 做学问的功夫，是细嚼慢咽的功夫。好比吃饭一样，要嚼得烂，方好消化，才会对人体有益。

——陶铸

17. 惜时、专心、苦读是做学问的一个好方法。

——蔡尚思

18. 非学无以致疑，非问无以广识。

19. 最穷是无才，最贱是无志。

20. 抛弃时间的人，时间也抛弃他。

——莎士比亚

21. 不读书则愚，不思考则浅，不多练则生，不巧用则钝。

22. 聪明出于勤奋，天才在于积累。

23. 未来的文盲已经不是不能阅读的人，而是没有学会学习的人。

——赫伯格·格乔伊

24. 学问是异常珍贵的东西，从任何源泉吸收都不可耻。

——阿卜·日·法拉兹

25. 书山有路勤为径，学海无涯苦作舟。

26. 学习就像登山一样，只有踏踏实实走好每一步，才能登到最高峰。

27. 此刻打盹，你将做梦；此刻学习，你将圆梦。

28. 明日复明日，明日何其多，我生待明日，万事成蹉跎。

29. 早晨不起误一天的事，幼时不学误一生的事。

30. 盛年不重来，一日难再晨。及时当勉励，岁月不待人。

——陶渊明

31. 当你还不能对自己说今天学到了什么东西时，你就不要去睡觉。

——利希顿堡

32. 运气永远不可能持续一辈子，能帮助你持续一辈子的东西，只有你的个人能力。

33. 少壮不努力，老大徒悲伤。

——汉乐府古辞《长歌行》

34. 业精于勤，荒于嬉。

——韩愈

35. 博学之，审问之，慎思之，明辨之，笃行之。

——《礼记》

36. 不登高山，不知天之高也；不临深溪，不知地之厚也。

——荀子

37. 才须学也。非学无以广才，非志无以成学。

——诸葛亮

38. 宝剑锋从磨砺出，梅花香自苦寒来。

——杜甫

39. 成功者"热爱痛苦"，把吃苦当作吃补。

## 课后实践

1. 思考应该如何处理专业学习和通识学习的关系，与同学交流你的观点。

2. 搜集一些在学习为重、综合提升方面做得比较好的典型人物事迹，与同学分享你的学习感受。

3. 如何实现自己的"学习为重，综合提升"？制定一份规划，并认真执行。

4. 围绕"学习为重，综合提升"这个主题，写作一份讲座稿，制作PPT，准备一次10分钟的演讲。

## 课余拓展

1. 马浩然. 如何经营你的大学时光 [M]. 武汉：湖北教育出版社，2006.
2. 覃彪喜. 读大学，究竟读什么 [M]. 广州：南方日报出版社，2006.
3. 黄俊杰. 全球化时代的大学通识教育 [M]. 北京：北京大学出版社，2006.
4. 李曼丽. 哈佛通识教育红皮书 [M]. 北京：北京大学出版社，2010.

## 课外链接

附录一：

### 高效能学习方法
#### ——比智商更重要的是学习方法

搞好学习，不仅要讲求勤奋，更要讲究方法。方法即是捷径，方法即是效率，方法创造成绩，方法创造效益，方法创造成功。达尔文说："一切知识中最有价值的是关于学习方法的知识。"爱因斯坦也说："成功＝艰苦的劳动＋正确的学习方法＋少说空话。"知识经济时代需要能够高效能学习的人才。不会学习的人，终将被知识经济时代的大浪所淘汰。对于新时代的青年人来说，最重要的不是已经学会了多少知识，而是是否掌握了适合自己的高效能的学习方法。掌握高效能的学习方法，不仅会使学习成绩和学习效率得到立竿见影的提升，更重要的是，将会使我们终身受益。

#### 方法一 目标激励法
#### ——远大目标激励学习成功

现代教育科学研究表明，每一个学生，除先天障碍外，只要智力正常，都能成为学习的高手，甚至成为我们所说的学习天才。古今中外无数成功者的事实也证明：天才不是天生的，而是后天造就的。成就天才的必备素质就是远大志向，明确目标，勤奋刻苦，持之以恒，百折不挠。一名大学生，要想在学习的道路上一路高歌，战胜各种学习困难并脱颖而出，就必须树立远大的理想，制定明确的学习目标和切实可行的计划，并掌握一套正确的学习方法，科学合理地安排时间——只有这样才能到达成功的彼岸。

美国心理学家布鲁纳说："使学生对一个学科有兴趣的最好方法，是使他感到这个学科值得学习。"文学家郭沫若说："任何有成就的历史人物莫不是从勤学苦练中得来的。那些对人类做出突出贡献的人都有勤学的习惯，他们把学习看成是自己的本分，走到哪里，学到哪里，拿起书就把一切全忘了。"文学家夏衍说："治学有没有诀窍？如果有，那么我想，勤和恒就是最基本的诀窍。"让我们以伟大人物的教导自勉吧。

**方法二　统筹计划学习法**

**——运筹帷幄，决胜千里**

正像建造楼房先要有图纸，战斗先要有部署一样，成功有效的学习也需要预先制订一套切实可行的计划。法国著名文学家雨果说："有些人早上预定好一天的工作，然后照此实行。他们是有效利用时间的人。而那些平时毫无计划、靠遇事打主意过日子的人，只有混乱二字。学习也一样，有计划的人，不仅学习有条理、有顺序，而且有目标、有方向。"

所谓统筹计划学习法，就是学习者为达到一定的学习目标，根据主客观条件来制定学习步骤的一种学习方法。统筹计划学习法包括四个方面：一是学习目标，二是学习内容，三是时间安排，四是保证落实的措施。只有综合考虑这四个方面，才能制定出切实可行的规划。同时计划要因人而异，因事而异，并根据执行情况，适当及时调整。

恩格斯说："没有计划的学习，简直是荒唐。"世界上大凡事业成功的人，在工作中无一不有着精心安排的工作计划，并能持之以恒地坚持下去。他们把实现自己的计划作为学习和生活中的一种责任。计划性强的学生，什么时间做什么事都是预先确定的，所以他们干完一件事马上就去干第二件事。这样，时间抓得很紧，就不会浪费。

**方法三　兴趣引导法**

**——兴趣是学习成功的最好导师**

使学习兴趣化，是获得成功的特别重要的法则。你可能很积极、很努力地学习，但只有把这种积极和努力培养转化为一种浓烈的兴趣，才能真正学习好。有的同学虽然很努力地学习，但是却对学习没有兴趣。凡是这种情况，学习效率都差得很，往往是事倍功半。所以千万不要只顾盲目地学，而要想办法培养自己的兴趣。只有将学习积极性转化为学习兴趣之后，你才有可能实现学习效率的飞跃。因为有兴趣，才能够轻松愉快地学习，才能够不知疲倦地学习，而进入乐此不疲的境界。学得高兴、学得舒心，就不容易疲劳，而是越学越有劲头。

同学们都会有这样的体会：做自己喜欢做的事情，就会觉得愉快、轻松，就不会觉得痛苦，就会焕发精力和创造力；反过来，如果让你做一件很头痛的事情、不喜欢的事情，你还没有做，就已经厌倦疲劳了。因此，我们要首先培养起对学习的兴趣，有了兴趣就不愁学不好。满怀兴趣地学习，才能使你在知识的天空中快乐地翱翔。

**方法四　高效率学习法**

**——让每一分钟都产生学习效益**

"读书不觉已春深，一寸光阴一寸金。不是道人来引笑，周情孔思正追寻。"这是唐代诗人王贞白在江西庐山五老峰下白鹿洞中读书时写的诗句。时间是"无偿"的财富，每个人都拥有相同的份额。时间是无可替代的，如果随意浪费，时间便一去不复返。作为学生，谁能够高效地管理时间、科学地利用时间，谁就能创造学业的成功，成就人生的辉煌。

爱时间就是爱生命，谁把握住时间，谁就拥有一切。生命是以时间为单位的，时间就是生命，挥霍时间等同于慢性自杀。"一个人一生只有三天：昨天、今天和明天。昨天已经过去，永不复返；今天正和你在一起，但很快就会过去；明天就要到来，但也会消失。抓紧时间吧，一生只有三天！"大学阶段是人生的黄金时期，也是学习知识最有效率的时期，大家应善于管理时间，不虚度年华，使生命绽放出灿烂光彩。

### 方法五　全面预习法
#### ——学习预则立，不预则废

打无准备的仗，必输，没有预习的功课也一定不会学好。要想有一个高效的课堂学习，必须牢牢抓住课前预习这个关键环节。常言道："凡事预则立，不预则废。""预"即准备，预习就是在教师讲课之前，学生阅读教材及相关内容，为新课学习做好必要的知识准备。我们在预习的时候，要大体了解书本内容，思考重点，发现难点，要增强预习的主动性、针对性，培养良好的预习习惯。

良好的预习是学习成功的一半。预习最大的好处是有助于形成学习的良性循环。预习使学习活动变得积极主动，站在主动进攻位置上的人当然容易打胜仗。通过预习，不仅初步领会新课的内容，从而降低学习新课的难度，而且大大减少了听课的盲目性和紧张感，调动了学习的积极性，有利于知识的当堂消化和吸收。另外我们还需要注意，越是时间紧，越要抽出一定的时间预习，通过预习避免无效的活动，通过预习赢得学习的时间，通过主动有效的预习扭转被动学习的不良局面。

### 方法六　高效听课法
#### ——向课堂 45 分钟要效益

学生时代的大部分学习时间是在课堂中度过的。在短短的十几年时间里每个学生几乎接受和继承了人类几千年所积累的知识中最基本、最精华的部分，由此可见课堂学习的重要性。学习的好坏、成绩的高低关键在于课堂学习。充分利用每一节课的 45 分钟，高效学习，对提高学习质量将产生巨大的影响。

专家认为，要想听好一节课，课前必须从身心、知识、物质上做好充分准备，在上课时力求做到"五到"，即耳到、眼到、口到、心到、手到；专心致志，勤于思考，思维与老师合拍。同时，上课时要勇于发言，积极参加讨论，有机会多动手、多实践，做好笔记，才能有效地把握课堂，把课堂变成自己学习的主战场。

大家需要注意，课前的心理准备是十分重要的。正确的态度是：以平静、轻松和愉悦的心情迎接新课和老师的到来；应该想到在新的一节课里自己又将学到新的知识和本领，从而感到兴奋，产生一种心理期待。只有在这种心理状态下进入课堂，才能确保课堂听课的高效率。

（转引自：https://mp.weixin.qq.com/s?__biz=MzI3MTA0MTMzNQ%3D%3D&idx=1&mid=2649610142&sn=9062562b030c1bae499dff0755bf2bcb。内容有删减）

附录二：

## 克服懒惰的普瑞马法则

懒惰是人的天性。在学习和生活中，我们很容易被惰性支配。

心理学家以操作性反射原则为基础，对人类的行为方式进行观察后，提出了一种纠正惰性生活方式的法则——普瑞马法则：如果把一件更难完成的事情放在比较容易完成的事情前面做，那更难完成的事情就可以成为比较容易完成的事情的强化刺激。

换句话说，把不愿意干的任务或者工作放在喜欢完成的任务之前。如果经常完成困难的、有挑战性的任务，那么工作能力就会增强；相反，工作能力就要减弱。也就是说，把好玩的事情留在后面做。

这种设定是任务导向而不是时间导向，也就是设定任务而不是设定时间。比如"我每天要完成 N 的学习量"，而不是"我每天要学习 N 个小时"。当人按照时间计划来工作时，他所关心的是干了多少时间而不是工作的进度，而当人按照完成任务的数量来计划工作时，就能更好地控制整个工作进度。工作的进度决定了工作什么时候完成，工作者什么时候可以"休息"。

你如果能够坚持按以下方式行动，那么，惰性生活方式就永远不会接近你。

用一两天的时间给自己做一个行为记录。首先，把你每天要做的事情记下来，包括你所有的生活活动。其次，把其中诸如"吃饭""睡觉"等必须完成的事情剔除。再次，把剩余下来的事情按照你的兴趣排列，把你最不喜欢做的事情放在第一位，把你最喜欢做的事情放在最后一位。最后，你就可以在以后一周开始行动了，每天一早起来，从你最不喜欢的事情开始做起，并且坚持做完第一件事情，再做第二件事情……这么一直做到最后一件你喜欢的事情。

在整个过程中，你开始会稍觉得困难，但你只要花很少的力气稍做坚持，你就能顺利进行下去。一定要认真执行计划，不要逾越不喜欢做的事情去做喜欢的事情。

这种方式是一种强化作用的方式，先完成一件困难的事情后，再做稍困难的事情，那是一种对于前面行动的强化，然后继续，强化的效果会越来越大，一直大到你觉得你有力量来完成任何事情。这种改变惰性生活方式的策略非常有效。对于经常心情抑郁的人，这种生活方式将有助于改变抑郁行为，结束抑郁情绪，进而结束抑郁心理。

如果你愿意尝试，并且努力坚持，你将发现这是一个非常有效的策略。

（转引自：https://blog.csdn.net/iteye_12448/article/details/82164418。内容有删减）

# 第四讲

## 自我调适　自我保护

**■本讲要点**

离开亲友和家乡，身处陌生的环境，面对不同的学习内容和学习方式，面对不熟悉的老师和同学……无论从哪个方面来说，大学都是一个全新的开始，每一个同学都需要适应新的环境和新的学习生活，大家必须学会自我调适和自我保护。前者主要是心理方面的，后者则主要是人身和财产方面的。

### 一、自我调适

对于每一位大学生来说，大学生涯都将是一段终生难忘的人生体验。在这里，不管你愿意与否，都要开始独立地面对真实的生活，学习自主地解决自己的人生难题，为自己的未来发展积蓄力量。但是，当你以极大的热情去直面生活、实现自己的理想之梦时，会发现生活之舟是那么难于驾驭。在痛苦的反思之后，有的人开始树立目标、再塑生活，以积极的心态去迎接新的人生；有的人则选择了自暴自弃，以消极的心理与行为去逃避生活，甚至对抗生活。积极的接纳与奋进是美好人生的起点，而消极的对抗则有可能导致一事无成。因此，站在新的起点，我们要有所准备：要积极地调整自己的心态，整理自己的心情，主动适应和融入新的学习环境和生活环境。

记得笔者大学入学之初，班主任要求我们密切关注班里一位沉默寡言的男生，担心他不适应陌生的大学生活，遇事想不开，出现心理问题，嘱咐我们多和他交流。后来我们才发现，这位同学虽然看上去蔫蔫的，其实内心坚强着呢，即便我们都抑郁了，他也不会抑郁。现在想来，班主任真是用心良苦。

同学们原来大多衣来伸手，饭来张口，"两耳不闻窗外事，一心只读圣贤书"，生活很单纯。进入大学之后情形可就不一样了，需要一个人独立面对很多事情，处理很多关系，想办法去克服很多困难。有些同学独立意识不强，抗压能力不够，就会感觉压力陡增、情绪压抑，久而久之就有可能导致心理抑郁，产生心理问题。

心理健康是指具有正常的智力、积极的情绪、适度的情感、和谐的人际关系、良好的人格品质、坚强的意志和成熟的心理行为等。有学者对大学生入学初期遭遇的心理困扰进行了归纳，主要包括：独在异乡为异客的孤独恋旧心理、理想与现实差距导致的失落心理、难以适应新环境的焦虑心理、目标失落导致的困惑迷惘心理、人际关系糟糕导致的抑郁心理、自我评价失调导致的自卑心理、"敢问路在何方"的悲观心理和危机心理，等等。

心理健康与大学生的成长、成才、成功关系重大。现在，很多大学都建立了大学生心理咨询中心，目的就在于帮助大学生正确认识自我，化解负面情绪，疏导心理压力，促进心理健康。下面我们聊一聊大学生应该从哪些方面塑造健康的心理。

第一，保持乐观的情绪。乐观是最为积极的性格因素之一。心理医学研究表明，一个人精神愉悦，中枢神经系统处于最佳功能状态，则他的内脏及内分泌活动在中枢神经系统的调节下处于平衡状态，使整个机体协调，充满活力，身体自然也健康，做事也更易成功。大学生要热爱生活，保持乐观的心境。绿草茵茵，阳光明媚，微风拂面，云卷云舒……生活中不是缺少美，而是缺少对美的发现。我们要善于发现和感受生活中的美，即使是一些枯燥乏味的事情，也要努力发现其中的情趣，甚至欢娱。

俗话说，思路决定出路。我们要善于变换视角来看问题，以期收获美好的人生感受。有一位老太太有两个儿子。大儿子卖草帽谋生，小儿子卖雨鞋谋生。老太太每天都愁眉苦脸，怎么也高兴不起来，因为她在下雨天的时候就会想"今天大儿子惨了，又没有收入了"，在晴天的时候她又会担心"今天小儿子惨了，雨鞋又卖不出去了"。后来在邻居的开导下，她变换了思路：下雨天时，她为小儿子高兴，他今天又能大赚一笔；晴天的时候，她为大儿子高兴，他今天的生意肯定不错。就这样，她每天都能够收获无尽的好心情。所以，我们要善于变换思路，这样就能够为自己营造愉悦乐观的心境。1980年6月，肯德基创始人山德士上校被确诊患有癌症，但这并没有摧毁他的精神，他说："人们常抱怨天气不好，实际上并不是天气不好，而只是不同的好天气罢了。"

---

**【知识链接】**

**如何才能保持乐观开朗的心态**

要保持乐观开朗的心态，大家不妨按照下面的方法进行自我训练：

起床的时候照照镜子，冲着镜子里的自己露出笑脸，挺胸抬头，唱自己喜欢的歌曲，记住自己快乐的表情。

微笑，时刻微笑着面对别人。笑可以使肺部扩张，促进血液循环。

幽默是调剂生活和压力的良方，可以从容应对许多令人不快、烦恼，甚至痛苦、悲哀的事情。学会调动大家的欢乐细胞。讲几段笑话或回顾小品、相声中的片段。

忘记不愉快的经历和事情。学会放弃，心情才能释然，不要让不高兴的事情笼罩你心。

制定自己的座右铭。如当出现急躁情绪时，想想自己的座右铭"慢慢来，我是一个踏实的人"，进行自我心理调适。

培养一项生活爱好。养成活泼开朗、积极进取的生活态度，在平凡稳定的生活中谱写快乐的人生。

知足常乐。告诉自己快乐的核心是自我满足，无限的欲望是产生痛苦的根源。

拥有一颗包容的心，努力容纳别人。可以经常自我暗示：我是一个豁达的人，一个胸如大海的人。

第二，消解不良情绪。当现实中出现令我们不愉快的事情的时候，我们就会有消极的情绪表现。一个人是否成熟，能否有所作为，与他能不能控制自己的情绪有很大的关系。控制好情绪才能营造安宁的心境，所以我们要做自己情绪的主人。

如何消解自己的不良情绪呢？方法有二：

一是通过寻求外界的帮助来消解自己的不良情绪。遇到不顺心的事，千万别闷在心里，我们要善于把心中的烦恼或困惑及时讲出来，排解的对象应该是能够帮助你排除不良情绪的人，如父母、老师、朋友等。记住，把你的快乐与别人分享，你就会收获加倍的快乐，把你的烦恼向别人倾诉，你的痛苦就会减少一半。

二是通过自我调节来消解不良情绪。首先，自我暗示是消解自身不良情绪的有效方法，也就是自己在内心反复提醒自己：风雨中，这点痛算什么？没什么大不了的，不管多么痛，至少也是一种领悟，继续努力，我一定能成功。另外更重要的是，我们要冷静下来，细心梳理一下为什么会失败，哪些方面存在缺失，然后制订一个计划，缺什么补什么，并严格执行，争取下次成功。这样，找到了问题出现的症结和解决问题的办法，我们的不良情绪自然就可以平复很多。

人生多坎坷，笑着去面对。无论遇到什么困难，我们都要保持良好的心态，要相信没有迈不过去的坎，要相信办法总比困难多，要相信暴风骤雨往往都是短暂的，而雨后的阳光往往更为灿烂。

第三，克服人性自私，乐于帮助别人。自私是人性最大的弱点。正如卢莱修所说："自私是人类的一种本性，高尚者和卑劣者的区别就在于：前者能够克制这种本性而代之以无私的给予，而后者则任其肆意横行。"人固然不是全然为别人而生存，但也绝不能只为自己考虑，如果人只顾争取最有利于自己的东西，有时反而会事与愿违，所以生活中我们不能处处以自己为中心，要善于理解他人，乐于帮助别人。高尔基说："你要记住，永远要愉快地多给别人，少从别人那里拿取。"助人为乐是一种美德，它使被帮助者感受到人间真情，也使助人者感受到帮助别人后的快慰。急人所难，解人所忧，帮助别人，快乐自己。一个人如果拥有乐于助人的理念，经常帮助别人，就能使自己常处在一种良好的心境中，也会赢得他人的尊重，并适时得到他人的回报。

第四，保持童心和阳光心态。生命是一个短暂的过程，在这个过程之中，每个人都会遇到挫折与磨难、困惑与苦恼。酸甜苦辣天天品尝，时时相伴，我们也会变得越来越成熟，甚至越来越世俗，我们的内心变得越来越复杂，追求越来越多，活得越来越累，与此同时也逐渐丢失了我们纯真而美丽的童心。我们需要成熟，去面对这个纷繁复杂的社会，但是同时，我们也需要时时保持我们的爱心与童心，不要迷失自己的人生方向。童心是这个世界上最可贵的东西，童年不可复得，但童心却可以长久保持，始终保持一颗童心是极其难能可贵的，它使人保持纯洁的灵魂与精神，使人在纷扰的社会生活中能够保持最纯真的自我。

第五，培养幽默感。幽默不是油腔滑调，也非嘲笑、挖苦或讽刺，它是人际关系的润滑剂，是一个人成熟的表现，更是智慧的外显，所以"聪明的人不一定幽默，但幽默的人一定聪明"。

我们观察到，幽默的人往往乐观豁达，从容洒脱，易于相处，从而更易于建立良好的人际关系，所以幽默的人往往更加受人喜爱，而且能获得别人更多的支持和帮助。幽默的人在生活中往往会有更多的欢愉和情趣，能给周围的人带去更多的轻松和欢乐，减少人们的压抑与忧虑，给人一种轻松愉快的感觉，也更容易给他人带去正能量。幽默的人在心理上往往更加积极向上，从而也更容易保持身心健康。挪威学者的研究表明，具有幽默感的人比缺少生活乐趣者更长寿，而且具有幽默感的癌症患者比起缺乏幽默感的患者，死亡率低70%。

有一位研究生导师曾经谈及他招收学生时最看重的三个品质，依次是人品、研究能力和幽默感。我想这正回应了列宁的那句名言："幽默是一种优美的、健康的品质。"人的幽默品质不是先天赋予的，而是来源于生活，是可以后天习得的。培养幽默感，大家首先要有乐观豁达的心态，消极忧郁的心理状态会杀死我们数量有限的幽默细胞；其次，要积累广博的知识，这样才能谈资丰富，信手拈来，妙言成趣；最后，可以多看一些培养幽默感的书籍，以及名人幽默故事方面的书籍，学习一些幽默技巧。

第六，提高情商（Emotional Quotient，EQ），协调好自己与社会的关系。情商是心理学家们提出的与智商相对应的概念，指人在情绪、情感、意志、耐受挫折等方面的品质，是理解他人以及与他人相处的能力。戈尔曼认为，情商是由自我意识、控制情绪、自我激励、认知他人情绪和处理相互关系这五种特征构成的。情商水平高的人具有如下的特点：社交能力强，外向而愉快，不易陷入恐惧或伤感，对事业较投入，为人正直，富于同情心，情感生活较丰富但不逾矩，无论独处还是与他人在一起时都能怡然自得。现代心理学家们普遍认为，情商水平的高低对一个人能否取得成功有着重大的影响，有时其作用甚至要超过智力水平。

人是具有社会性的动物。我们生活在这个世界上，每天都要和周围的人发生各种各样的联系，需要妥善处理好与周围人的关系。特别是初入大学的大一新生，可能会隐隐感到，人际关系更复杂，需要自己处理的人际关系问题更多。这就要求我们不断提高自己的社会适应能力，善于换位思考，善于感受他人，善于调整自己的意识和行为，协调好内外部关系，保持心理健康，同时也为自己的工作和学习创造良好的内外部环境。

第七，善待别人，心胸大度，不计较，不抱怨。以谅解、宽容、信任、友爱的积极态度与他人相处，我们会得到快乐的情绪体验。即使被人误解的时候，我们也要亮出高姿态，适时予以解释，这样对方会更加佩服你。宽容和关心别人有利于营造好的外部环境和好的内在心境。郑板桥说"大事清楚，小事糊涂"，世事繁杂，什么事情都往心里装岂不是活得很累？有所取舍，轻装上阵是很有必要的。生活中的事情要有所为有所不为，原则性的问题心里要清楚明白，鸡毛蒜皮的小事就由它去，不要太较真。"人生不如意事，十之八九"，问题的关键在于我们怎么去对待。"心中平，世界才会平"，对于生活中的种种不公或不顺心的事情，我们不应该怨天尤人，也没有必要自怨自艾。世界上没有绝对的公平，生活中的许多不公平，我们无法逃避，无法选择，我们只能适应它，接受已经存在的事实并进行自我调整，毕竟，抗拒不但可能会毁了一个人的生活，而且也可能会使其精神崩溃。如果一个人在青少年时期就懂得永不抱怨的价值，那实在是一个良好而明智的开端，因为习惯于抱怨的人总会不自觉地将失意之责归于外界，而忽视自己本身可能存在的问题。

第八，勇于面对逆境和困难。我们的人生就像天气一样变幻莫测，有晴有雨，有风有雾，不可能一帆风顺，遭遇逆境与困难是难免的。面对逆境，我们必须勇敢地抬起头，挺过去，走出来，闯出一片新天地。

逆境和困难是我们的恩人，走出逆境，克服困难，我们才能真正提升自己，才能练就更强的能力，才能使我们取得最终的胜利。逆境和困难会使我们逐渐从幼稚走向成熟；正视逆境和困难，就是正视我们自己的人生。如果我们能够用积极的心态去面对和克服人生的逆境和困难，这种经历本身就将是一笔不菲的人生财富。李嘉诚曾经说："艰难的生活，是我人生最好的历练。"所以，身处逆境遭遇困难的时候，我们一定不要灰心丧气，因为逆境和困难正是人生的阶梯，每一次克服逆境和困难都是在为我们即将到来的成功奠基。

逆境和困难是人生修炼的最好课堂。一切不幸，一切挫折，都只是过程，最终都会过去。经历风雨之后，人生将焕发全新的光彩，而命运也终会将苦难引向幸运。没有哪个人的一生是一帆风顺的，这个世界上比你更苦更难的人还有很多很多，你永远都不是最痛苦的那一个，但是请一定要记住：通过你的努力，你可以成为最幸福的那一个！

---

**【知识链接】**

你改变不了环境，但你可以改变自己；

你改变不了过去，但你可以改变现在；

你不能控制他人，但你可以掌握自己；

你不能预知明天，但你可以把握今天；

你不能样样顺利，但你可以事事尽心；

你不能左右天气，但你可以改变心情；

你不能选择容貌，但你可以展现笑容；

做好自己的事情，你就可以改变人生。

---

## 二、自我保护

作为大学生，我们要相信这个世界上还是好人多，但同时也要记住，坏人随时可能出现在我们的身边，我们的头脑中必须时刻绷紧安全这根弦。对于一个与你搭讪的陌生人，一定不要轻易地假设他（她）是一个好人，相反你必须先给他（她）打一个问号——他（她）是不是坏人？对其保持适当的警惕。

危险无处不在，随时可能发生——这绝不是危言耸听。远离家人独自在外求学的大学生，必须把个人安全问题置于重要的位置，提高自我保护意识，增强自我保护能力，切实维护好自身安全。

概括来说，大学生可能面临的安全问题主要有两个方面：一是财产安全，二是人身安全。下面，我们依据安全问题的类型分别讨论一下应该如何加强自我保护。

（一）盗窃及其防范

校园盗窃犯罪分子主要盗窃笔记本电脑、手机、名牌衣物、钱包等。对于这样一些贵重且便于携带的物品,大家务必加强防范,特别保护,以防失窃。

就形式类型而言,校园盗窃可以分为内盗、外盗、内外勾结盗窃三种类型;就行为类型而言,校园盗窃可以分为顺手牵羊(盗窃分子趁人不备将放在桌椅上、床铺上的钱物占为己有)、乘虚而入(盗窃分子趁主人不在、房门或抽屉未锁之机行窃)、翻窗入室(盗窃分子翻越没有牢固防范设施的窗户入室行窃)、窗外钓鱼(盗窃分子用竹竿、铁丝、钓钩等工具,在窗外或阳台外将室内衣物、皮包钩出,有的甚至利用钩到的钥匙开门入室进行盗窃)、撬门扭锁(盗窃分子利用工具将门锁撬开或强行扭开入室行窃)五种类型。

关于校园盗窃的防范,大家务必注意以下几点:第一,宿舍里不要存放大量现金,贵重物品要安全存放,靠窗的位置不要放置贵重物品,饭卡随身携带,不要存钱太多,丢失立即挂失;第二,外出前要认真检查门窗,钥匙丢失要及时换锁;第三,在教室、图书馆、餐厅等公共场所,手机、钱包不要随意放置,以免被顺手牵羊;第四,宿舍内不要留宿陌生人,以免财物被窃。

关于财物失窃的应对,大家需要注意:第一,一定要注意保护现场,不要惊慌失措,不要急于翻动统计损失,以免影响公安机关进行现场侦查,获取证据和线索。第二,发现可疑人员,要沉着冷静,设法将其稳住,如果可能,可以及时控制,但务必注意以不伤及自身为限。无法当场抓获时,应记住盗窃分子的特征和逃跑方向,以便为公安机关提供破案线索。第三,及时向安全保卫人员和警方报案。当然,报案也不一定就立即能够破案并挽回财物损失,但报案的好处至少有两点:一是抓住嫌疑人的时候,可以给他记上这一笔,使其受到应有的惩罚;二是报案后警方予以登记,从而增大日后挽回自己的财产损失的可能性。

(二)诈骗及其防范

1. 校园诈骗的主要类型

(1)推销型

案例1:诈骗分子到学生宿舍,以商家促销搞活动为由高价推销商品,或推销伪劣产品。

我们要牢记"便宜没好货,上门推销不购买"。要购物,就到大型超市或有固定经营场所的正规商铺。

案例2:张同学在卫生间看到一则小广告,称可通过高科技手段提供英语四六级、考研等考试答案,该同学于是联系对方,并按对方要求汇出1 000元定金,对方承诺事后通过QQ告诉该同学答案。但是过后再联系时,对方停机,杳无音信。

同学们,常言说,一分耕耘,一分收获。咱们一定要练真本领,靠真本事立足,切不可投机取巧。投机取巧绝非长久之计,而且很有可能会弄巧成拙,甚至导致违法犯罪。

(2)手机型

案例1:大学生遗失手机,诈骗分子拾得后诈骗其亲友,或QQ号被盗,诈骗分子诈骗其QQ好友。诈骗方式一般是以受害人的名义请求代充话费或转账借款等。

大家注意,"朋友"之间非当面借款时,一定要当心,其中可能有诈!第一,"朋友"通过短信或QQ留言方式借款,要警惕!第二,"朋友"通过通话方式借款,要注意辨别声音,核实身份!

案例2:诈骗分子谎称大学生在学校遭遇车祸和重病,打电话要求学生父母亲友紧急打款,交抢救所需的医疗费用。父母亲友情急之下,不假思索,匆忙转账至指定账号,"抢救费用"于是转给了诈骗分子。

鉴于上述情况,建议大家要把老师、班长、室友的手机号码告知父母,父母遇紧急情况应先电话核实,切不可情急之下盲目汇款。

案例3:诈骗分子冒充国家工作人员以发放奖学金、助学金的名义,要求学生提供银行卡卡号和密码,诱导学生到ATM机进行转账操作,骗取钱财。

大家务必注意,遇到发放助学金、奖学金的电话,一定先向学校、老师和教育部门咨询,千万不要擅自按照陌生人员的要求进行转账操作,以免上当受骗。

(3)当面型

案例1:诈骗分子向学生低价兜售手机,推销的时候展示的是真品,交易过程中调包,拿回家才发现是劣质手机,甚至是玩具手机。

我们要注意:绝不要贪图便宜而匆忙决定向陌生人购买所谓贵重物品。

案例2:某校一女生上课途中被一名自称香港某大学的男性拦住求助,对方先是问路,搭话成功后,又谎称是来为其父亲开展市场业务进行前期考察,请求借用该女同学有存款的银行卡进行汇款业务操作。该女同学误信,事后该女同学发现自己卡内近2 000元钱不翼而飞。

我们要接受教训,不要接受陌生人提出的借用银行卡的请求。

案例3:某高校学生王某遇到两位男子,他们自称是上海某大学的学生,因财物被盗,请求借款2 000元,并答应留下身份证复印件和价值6 000元的"苹果"手机作抵押。王同学后来发现此身份证系伪造,手机则是玩具手机。

一定要注意:面对陌生人的大额资金或财务求助,要提高警惕,注意分辨。

(4)冒充型

案例1:诈骗分子假冒教授与学生搭讪,聊天过程中声称可以为学生考研帮忙联系导师,赢得学生信任后,提出借款请求,骗取学生钱财后逃之夭夭。

这个案例给我们的教训是:萍水相逢,勿轻信陌生人的许诺。如果涉及金钱要求,则更要加倍警惕。

案例2:诈骗分子登门拜访,谎称是学校工作人员,来办理公务,钱物不够,向学生及家长临时借钱周转,离开后不知所踪。

诸如此类情况,大家绝不可轻信,一定要核实其身份。同样,如果涉及金钱要求,更要加倍警惕。

(5)网络型

案例1:诈骗分子冒充客服人员向学生发送链接,声称点击链接,购买商品成功后,货款会退还,而且还有返利。在完成第一单购买任务后,学生会收到约定的返利。接着,诈骗分子会诱导学生购买更大额的商品,当交易达到一定数量后,"客服人员"就会切断与受骗学生的联系,就此消失。

我们要注意:刷单本身就是违法行为,大学生要远离,更要避免受骗。

案例2:校园贷诈骗。诈骗分子谎称办理校园贷,需要提请贷款的学生缴纳数千元的保险金，诱骗学生多次转账汇款。

大家一定注意：远离校园贷！保护好个人信息，不轻信，不贪小利，不与陌生人进行资金转账。

案例3：网购退款诈骗。诈骗分子非法获取学生网购买家信息后，以商品有问题为由，联系学生退款，退款过程中诈骗分子利用被诈骗对象对网络借贷的陌生，诱使买家进入网络借贷平台，在诈骗分子的指引下，一步步从网贷平台上借出现金并转账给诈骗分子。

这个案例给我们的教训是：网购过程中的问题，要通过正规网购平台提供的联系方式进行沟通核实，不要轻信陌生来电。

2. 校园诈骗的防范

关于校园诈骗防范，大家务必牢记以下几点：第一，一般情况下，送上门的没好货，便宜没好货，务必谨慎购买；第二，朋友借款要当面，电话借款要分辨；第三，不轻信陌生人和陌生来电，不与陌生人进行资金往来；第四，多看看新闻，多了解时事，掌握常见多发的诈骗类型，提高安全防范意识和能力；第五，妥善保管好个人和家庭的信息；第六，坚决相信天上不会掉馅饼；第七，有疑问与家长、老师、朋友多交流，有状况及时报警求助。

（三）校园人身伤害事件及其防范

1. 校园人身伤害事件的类型

（1）内因型

案例1：某高校三名男生晚饭后，相约去野外河流游泳而溺亡。野外水域情况复杂，同学们游泳一定要去安全设施完善的正规游泳场馆。

案例2：某高校一男生在校外醉酒后凌晨返校，因校门已关，遂攀爬围墙入校，结果不慎翻入水沟身亡。

（2）外因型

案例1：学生外出遭遇交通事故，被撞伤。

案例2：某大学一女生被路边的流浪狗咬伤。

案例3：某高校一男生违反规定，私自外出租房住宿，夏日炎热，夜晚外出上网打游戏，被抢劫杀害。

案例4：某高校女生返校途中搭乘黑出租遇害。

（3）人际型

案例1：晚间，一对男女学生在操场上谈恋爱，路过男生高呼挑衅，双方逞能斗气，最终导致伤害事件发生。

案例2：女大学生因家庭因素、失恋、同学关系恶化等原因而服毒自杀、坠楼自杀。

案例3：某高校一男生因同学之间的三角恋而故意伤害致人死亡。

案例4：某校女生与社会人员谈恋爱，后提出分手，遂遭绑架。

案例5：某高校学生张某与社会人员发生纠纷，招来同学打架斗殴，导致多名学生伤亡。

2. 校园人身伤害事件的防范

校园人身伤害事件害人害己，防范校园人身伤害事件，大家务必牢记：第一，树立安全意识，绷紧安全这根弦，恪守法律和校规校纪，不做冒险之事，谨慎与社会人员交往。第二，大学生头脑要理性：男生少逞强、少意气用事；女生则一定要慎重对待感情问题。第三，处理好人际关系，与老师、同学多交流，要学会积极主动化解心理上的困顿。

（四）抢夺、抢劫及其防范

案例1（校园抢夺）：某学生一边如厕，一边摆弄手机。突然有个人影一闪而过，说"借一下手机"，说时迟那时快，手机瞬间就被"借"走了。如厕学生思来想去，想不出来者何人，突然发觉情况不对，遂匆忙处理"后事"，起身就追，结果对方早已不见踪影。

案例2（校园抢劫）：某男生夜晚在偏僻处被人以刀抵喉，要求借点钱花花。为保性命，该男生赶紧交钱保命。俗话说，留得青山在不愁没柴烧，遇到类似情况，大家一定要首先确保自身的人身安全。

安全防范：增强防抢安全意识，财不外露，夜不独行。

（五）交易安全

案例1：地摊购物，缺斤短两。某同学购买1 000克葡萄，结果实际只有750克。

案例2：流动商贩，强迫交易。某女生在流动商贩处购买切糕，商贩一刀下去，切得块头比较大，女生觉得太大吃不了，提出不买了。但该商贩态度坚决：切了就得买，不买不行。双方遂僵持不下。

案例3：手机扫码，财物受损。有些犯罪分子以小礼物诱骗学生手机扫码关注，结果扫了"二维码"却丢了"密码"，导致财物受损。

安全防范：购物选正规超市或经营场所固定且口碑好的商店，切勿见码就扫。

（六）校园火灾

案例1：某大学女生宿舍发生火灾，原因为某女生用"热得快"烧水，因晚上突然停电，她便从水壶中拔下"热得快"放到床上，但忘了切断电源。早晨，发现床上的"热得快"已经将床铺引燃。由于这名女生逃生时打开了寝室的门，结果通风后火势更加猛烈。事后，校方在该宿舍楼进行检查，发现1 300余件违规使用的电器，其中最易引发火灾的"热得快"有30多件。

案例2：2003年2月11日，某大学学生宿舍发生火灾，经调查为宿舍内私拉电线所致。

案例3：2001年12月17日，某大学学生宿舍发生火灾，失火原因为台灯使用时间过长引燃床单。

安全防范：大学校园人员密度大，火灾隐患多，管控难度大，火灾高发。俗话说：火灾猛于虎。学生宿舍一旦发生火灾，后果不堪设想。大家一定要增强消防安全意识；遵守校规校纪，不违规使用电器；同时要主动学习火灾逃生知识，增强自救能力。

## （七）传销魔爪

许多传销组织把魔爪伸向大学生，打着"创业、就业"的幌子，以"招聘""介绍工作"为名，诱骗大学生参加传销组织，害人不浅。东北某大学毕业生李某某、内蒙古某大学毕业生张某、湖南某职业学院大二女生林某某，皆身陷传销并致死亡。

安全防范：大学生要了解传销及其危害的相关知识，增强鉴别和防范的意识和能力，同时要注意自觉学习陷入传销陷阱时的自救知识。

## （八）网贷陷阱

案例1：一张身份证、一本学生证，甚至不用本人签字，就能贷到数万元。河南某大学大二学生郑某某以28名同学之名，在14家校园金融平台负债近60万元，最终绝望跳楼。

案例2：广东一名大二女生，为买一部手机，通过网贷平台借了3 500元，从此陷入"以借代还"的恶性循环，滚雪球般欠债10万元。

安全防范：大学生要严格约束自己，要掌握必要的金融知识，控制消费欲望，学会理性消费，绝不盲目攀比，一定要远离网贷。

## （九）赌博害人

案例1：大连某高校学生栾某沉迷于赌博，欠下了巨额债务，他采取欺骗手段借遍了身边所有的朋友，数额达150多万元。2017年9月，栾某因为考试作弊和旷课被学校开除。后来，大家才发现其诈骗巨额钱财的事实，遂到公安机关报案。

案例2：南宁某高校大学生小陆以卖手机做生意等理由，向同学朋友借款将近160万元，实际将借款全数用于赌博，最终无力偿还，留下"遗书"后自杀。

安全防范：我们常见因赌博而堕落，未闻因赌博而发家。大家一定要学会严格自律，远离赌博，绝不沾染这个恶习。

## 名言佳句

1. 每个人的生活都不是一帆风顺的，逆境和挫折是你必需的朋友。

2. 逆境是强者的财富，是弱者的坟墓。

3. 苦难是人生最好的大学。

4. 自古雄才多磨难，从来纨绔少伟男。

——王宝池《七律·劝学》

5. 月有阴晴圆缺，人有顺逆起伏，面对所处的困境，眼亮心明，才能趋利避害，化弊为利。

6. 一个人不管陷入多么困苦的境地，不管厄运多么沉重，只要他能化悲痛为力量，不放弃奋斗，勇于拼搏，就一定能够获得学习工作和事业上的成功。

7. 人生的挫折，对智者是攀登的阶梯，对庸者是伏案而泣的枕台。

8. 经受了艰苦的摔打和磨砺，人生的步履才变得更加铿锵有力。

9. 痛苦与磨难是人生摆脱贫瘠走向富有的契机。

10. 没有愈挫愈勇的精神，就永远写不出一个完整的"人"字。

11. 一切恶行几乎都是围绕着虚荣而生的。

12. 人生多坎坷，爬过高坡，定有坦途。

13. 乐观者能在危难中看到机会，悲观的人在机会中看到的是危难。

14. 不要看他趴下多少次，要看他站起来多少次，只要他站起来的次数比趴下的次数多，那就是成功。

15. 一粒饱满的树种，要想变成参天大树，必须忍受泥土的掩埋、风雨的洗礼。很多东西都是这样，看起来是摧残，实际上是养育。

16. 伟大的胸怀，应该表现出这样的气概，用笑脸迎接悲惨的命运，用百倍的勇气来应付一切不幸。

17. 微笑的曲线可以抚平所有的困难。学会对人生微笑，生活才会充满希望。

18. 情绪状态决定行为结果。

19. 亡我者，我也，人不自亡，谁能亡之？

——明·吕坤《呻吟语》

20. 只要你有一颗平常心，就没有想不通的事。

21. 用感情生活的人，生命多悲剧；用思想生活的人，生命多喜剧。

22. 健康的心理来自健康的体魄、和谐的环境、正确的疏导和科学的诊治。

23. 心理和生理是构成自然人健康的两个重要方面，它们相互依附、彼此制约，有机统一，缺一不可。

24. 强者控制自己的情绪，弱者让情绪控制自己。

25. 这世界除了心理上的失败，实际上并不存在什么失败，只要不是一败涂地，你一定会取得胜利的。

——亨·奥斯汀

26. 房宽地宽，不如心宽。

27. 事事计较，痛苦相伴；时时盘算，恶梦不断。

28. 先相信你自己，然后别人才会相信你。

——屠格涅夫

29. 不要慨叹生活的痛苦，因为慨叹是弱者的行为。

——高尔基

30. 宿命论是那些缺乏意志力的弱者的借口。

——罗曼·罗兰

31. 如烟往事俱忘却，心底无私天地宽。

——陶铸

32. 改变只在一瞬间，观念改变，行为改变。

33. 没有弄清对方的底细，决不能掏出你的心来。

## 课后实践

1. 与同学交流分享你成功进行自我心理调适的经验。

2. 搜集校园安全事件的典型实例和防范策略，与同学交流你的学习收获。

3. 围绕"自我调适，自我保护"这个主题，写作一份演讲稿，制作 PPT，准备一次 10 分钟的演讲。

## 课余拓展

1. 马建青. 大学生心理健康 ［M］. 北京：人民出版社，2011.
2. 姚本先. 大学生心理健康教育 ［M］. 合肥：安徽大学出版社，2011.
3. 裴勇. 法治与安全教育读本 ［M］. 北京：中国人民大学出版社，2014.
4. 蔡昌卓. 当代大学生安全课堂 ［M］. 北京：中国人民大学出版社，2015.

## 课外链接

附录一：

### 当代大学生五大主要心理问题

1. 学习与发展迷惘

自主学习是大学学习的特点。一些学生进入大学后未能掌握大学学习的方法，导致成绩不佳、厌学、自卑、不自信，甚至患上考试焦虑症，产生心理问题。学会学习是大学生成才的重要一步，其实质就是要形成良好的学习心理。一些大学新生正是没有形成良好的学习心理，才阻碍了知识的获得和智能的发展，甚至导致整个心理状态的混乱。

2. 自我认知失调

同学们经过无数次激烈紧张的考试才进入大学，但有时却对自己人生最起码的存在状态表现出无知。他们想弄明白：我是谁？我能做什么？我应该怎么去做？问题看起来如此简单，却难以解答。多数大学生从小被动接受家庭、学校的强制教育，一直在为赢得父母、亲朋、老师等的认可去学习、考试，从未体验过真正的自我，到了大学后发生自我认知失调，影响了心理健康。

3. 人际交往障碍

"踏着铃声进出课堂，宿舍里面不声不响，互联网上诉说衷肠。"这句顺口溜实际上反映了相当一部分大学生的交际现状。现代大学生的交际困难主要表现为不知道如何与人沟通，欠缺交往的技巧。有的同学有自闭倾向，不愿与人交往；有的同学为交际而交际，不惜违背原则随波逐流。

4. 承受挫折心理脆弱

由于绝大多数大学生是在家长和老师的保护下一帆风顺地成长起来的，缺乏独立承受挫折的心理能力，因而，在生活中遭到挫折时往往束手无策，从而造成焦虑、烦恼、自卑、痛苦、嫉妒、失望、逆反等各种不良心理。

5. 就业焦虑症

目前各高校中就业指导课程主要还是面向毕业生开设。对大学新生，以及大二、大三的学生没有或很少进行就业方面的指导和训练，从而导致大学生在突然面临择业问题时产生严重的焦虑症。

附录二：

## 大学生自我心理调适的常用方法

（一）自我放松法

1. 肌肉松弛法

这种方法是指通过手臂、头部、躯干、腿部的逐渐放松而达到全身放松的目的。方法是首先选择一个舒适的姿势微闭双目，然后松开紧身衣裤，使身体不受任何约束，注意环境的安静和空气的干净，排除杂念，积极地自我体验。心中默想：我的双手、双臂沉重而发热；我的双腿、双脚发热；我的腹部暖和而舒适，我的呼吸深沉而平稳；我的心率平稳而规则；我的额头冰凉；当我睁开眼睛时，会保持松懈和精力恢复的良好状态。最后，活动头部、双臂、脚、腿部肌肉，睁开双眼。在心情烦闷时，重复练习，持之以恒，这样就可以使心情得到放松，并改善不良情绪。

2. 深呼吸练习法

深呼吸练习有利于放松心情，能通过自然放松产生健身作用，调整情绪。方法是选择一个舒适的姿势，闭上眼睛尽量放松，先按常规呼吸，慢慢地有意识地用鼻子吸气用嘴吐气，连续做深呼吸，然后再正常呼吸，再重复深呼吸，反复几次，有利于减轻紧张情绪。

3. 凝神法

静坐于一个安静的环境，反复默念一个单词，把全部意念集中在这个单词上，从而达到松弛目的。这种方法可以一定程度减轻紧张与焦虑情绪。也可以把意念集中于某一现实的或幻想的物体，如一朵白云、一束美丽的花、一池清泉或一块洁净的石头，通过集中意念达到掩蔽其他不良思绪的目的，从而获得心情的放松。凝神对心理有一定的镇静作用，原理是使机体活动缓慢，达到消除紧张情绪的目的。

（二）合理宣泄法

心理学家认为，当一个人受到挫折或承受较大压力时，用意志力压抑情绪，表现出类似正常情况下的谈吐自如，这种做法只能缓解表面的紧张，却消除不了内心的情绪烦扰，不仅不能从根本上解决问题，而且会陷入更深的心理困境，带来更多的身心伤害。过分压抑自己的情绪只会使情绪困扰加重，不利于身心健康。相反，适度的宣泄可以使不良情绪释放出来，从而使紧张情绪得到缓解。开朗外向的人会及时向自己熟悉的人谈及自己的各种生活感受，不知不觉中能及时地消除不快，而内向的人不愿向别人袒露心迹，生怕引起别人的鄙视，这样长期积压就会导致心理问题。大学生要把个人的忧愁、烦恼尽可能地用各种方式随时倾诉出来。即使是大哭一场也可以，因为哭本身也是调整机体平衡的一种方式。情绪宣泄的方式有许多种：一是理智型宣泄。对自己的至亲好友诉说心中的委屈和痛苦。二是情感型宣泄。把自己的郁闷发泄在其他物品上或者参加一定量的体育锻炼，从而减轻心理压力。当然，情绪宣泄要有所节制，要注意方式、方法、时间、场合，不影响别人，也不损害自己，否则会带来新的苦恼和情绪困扰。

（三）自我安慰法

大学生心理情绪波动比较大，一个人在心理上受到过大的压力、遭遇生活困难或遇到一些不如意的事情时，如情况仍可能改变，当然应向好处努力；如果已成定局而无法挽回，就应该宽慰自己，解脱自己，接受现实，摆脱心理困境，追求精神胜利。一般来说，这种心理自我安慰的方法，几乎每个人都在不知不觉中使用，这不算毛病，也不是消极现象。自我安慰法不过是力图"自圆其说"，但确实有维持人的心理平衡、实现自我安慰的功效。在心里烦躁时，每个人都需要安慰，都可以采用这种方式来解决问题，有的人将这种方式称为"精神胜利法"，也有人称之为"知足常乐法"。这种心理自我安慰方法，不失为一种帮助人们接受现实的好方法。

（四）自我暗示法

自我暗示是指通过心理暗示作用，解除心理疑虑，改善不良心境，减轻心理负担。心情不好时可以假想"我今天真高兴""我特别快乐"，或者"我真能干""我很棒"，并且经常面带微笑。这样过一段时间可能就会感到自己真的高兴了，也真的自信了，这就是积极暗示的效果。当情绪低落时，最主要的是能够自我开脱，自己做好自己的思想工作，自己说服自己想开些，自己说服自己遇到事情多想有利因素，少想不利因素。一个人在自己的人生路上，要多用"塞翁失马，焉知非福"的辩证法来开脱自己，憧憬未来，这样就可以摆脱不良情绪。

附录三：

## 十四个有效的心理暗示

1. 信任定律

当你对某件事情抱着万分之一的相信，它最后就可能会变成事实。

2. 期望定律

期望定律告诉我们，当我们对某件事情怀着非常强烈的期望的时候，我们所期望的事物就可能会出现。

3. 情绪定律

情绪定律告诉我们，人百分之百是情绪化的，"理性的思考"本身也是一种情绪状态，任何时候的决定都是情绪化的决定。

4. 因果定律

任何事情的发生，都必有其原因。换句话说，当你看到任何现象的时候，你不用觉得不可理解或者感到奇怪，因为任何事情的发展都必有其原因。你今天的现状是你过去种下的"因"导致的结果。

5. 吸引定律

当你的思想专注于某一领域的时候，跟这个领域相关的人、事、物就会被你吸引过来。

6. 重复定律

任何行为和思维，只要你不断地重复就会得到不断的加强。在你的潜意识当中，只要你能不断地重复一些人、事、物，它们都会在潜意识里变成事实。

7. 积累定律

很多年轻人都曾梦想干一番大事业，其实天下并没有什么大事可做，有的只是小事。一件一件的小事累积起来就变成了大事。任何大成就或者大灾害都是累积的结果。

8. 辐射定律

当你做一件事情的时候，影响的并不仅仅是这件事情本身，它还会辐射到相关的其他领域。任何事情都有辐射作用。

9. 相关定律

相关定律告诉我们，这个世界上每一件事情之间都有一定的联系，没有一件事情是完全独立的。要解决某个难题最好从其他相关的某个地方入手，而不是仅仅专注于某个困难点上。

10. 专精定律

专精定律告诉我们，只有专精于某个领域，我们才能在这个领域有所发展。所以无论你从事哪种行业，都要把到达该行业的顶峰作为目标。当你达到专精程度的时候，你就能在这个领域出类拔萃。

11. 替换定律

替换定律告诉我们，当我们有一项不想要的记忆或者是负面的习惯，我们是无法完全去掉它的，我们只能用一种新的记忆或新的习惯去替换它。

12. 惯性定律

任何事情只要你能够持续不断地去加强它，它终究会变成一种习惯。

13. 显现定律

显现定律告诉我们，只要我们持续寻找、追问答案，它们最终都会显现。

14. 需求定律

任何人做任何事情都附带有一定的需求。尊重并满足对方的需求，别人会尊重我们的需求。

（转引自：https://www.douban.com/group/topic/104306929/。内容有删减）

# 第五讲

# 自我省思　自我管理

■ 本讲要点

　　每个人都应该经常进行自我省思，做好自我管理。只有具备较强的自我省思能力，才能实现自我纠错、自我革新和自我进步；只有具备较强的自我管理能力，大学生才能尽快适应大学阶段的学习，成为自己生活的主人，最终获得人生的成功。

## 一、自我省思

　　人往高处走，我们每个人都希望自己不断地取得进步。怎样才能取得进步呢？我们认为，我们的进步主要源于两个方面：一是向前拓展，不断地努力学习新的知识，这需要我们具备较强的学习能力；二是消除后患，不断地改正缺点和纠正错误，这需要我们具备较强的省思能力。

　　省思，也就是留一只眼睛给自己，时时反过来省察自己的思想行为，检讨自己的言行，排查存在的问题，以便纠正错误，完善自己。大家都喜欢呈现和宣扬自己的光鲜亮点和成功事迹，而最不乐意做的事情之一就是承认自己的过错，但是只有不断排查和纠正自己存在的问题，我们才能不断取得进步。有人问古希腊大学问家安提司泰尼："你从哲学中获得了什么？"他说："同自己谈话的能力。"这个"同自己谈话的能力"就是自我省思能力。经常进行认真的自我省思，应该成为我们的一种人生态度。荀子说："君子博学而日参省乎己，则知明而行无过矣。"曾子则曰："吾日三省吾身：为人谋而不忠乎？与朋友交而不信乎？传不习乎？"关于这句话里的"三"，有人解释为"三个方面"，也有人认为中国古人以三为大，所谓再一再二不再三，"三"意为"多次"。不管如何理解，这句话都反映了儒家对于人的自我省思能力的高度重视，这也深刻影响了我们的中国传统文化。

　　一个善于自我省思的人才是一个能够不断超越自我的人。经常进行自我省思的重要性是毋庸置疑的。

　　第一，自我省思有助于我们深化自我认知，正确地进行自我定位。闻一多先生在

20世纪30年代到清华大学执教前，在与人交往方面曾走过不少弯路。他1925年5月回国，暑假后就任北京艺术专科学校教务长。起初，他热情极高，全力以赴地投入工作。但是由于他只有诗人的热情，缺乏从事行政工作的练达，很快就遭到中伤和诽谤。他于是"愤而南归"，连衣物、书籍都没有带走。1927年秋，"第四中山大学"成立，聘他担任外文系主任，但他还是不能适应行政工作环境，不久又离开了。1932年秋，闻一多应清华之聘，任中文系教授。这时的闻一多深陷苦恼之中，他在给朋友的信里说："我现在最痛苦的是发现了自己的缺陷——一种最根本的缺陷——不能适应环境。"1933年春，应届毕业生请他为纪念册题词，他竟以《败》为题，信笔挥就了一篇文字。随后，经过认真省思和总结过去"败"的教训，闻一多决心改走一条学者的道路，他把它叫作"向内走的道路"。于是，他拟订了一个庞大的研究古典文学的计划，决心在这方面有一番作为。他说："向外发展的路既走不通，我就不能不转向内走。"于是，他在教学之余，便把自己关在书斋里完成他那庞大的计划，过起"隐士"的生活来。

闻一多先生深刻省思自身情况，正确认识自己，走了一条"向内走的道路"，找到了最适合自己的生活方式。古希腊德尔斐阿波罗神庙的金顶上刻着这样一句话："认识你自己。"百人百殊，我们每个人的天赋都是不同的，所以正确认识自己，发现"仙才"，准确进行人生定位，便成了至关重要的一步。虽然"认识自己"距离"有所成就"还有很长的距离，但如果连自己的"仙才"之所在都没有找到，连自己的应有定位都没有认清的话，"有所成就"无异于镜花水月。

第二，自我省思有助于我们发现问题，明确差距，厘清进一步努力的方向。"江南四大才子"之一唐伯虎绘画、诗歌、学识皆卓然超群。然而，有一段时间他骄傲自满，不思进取，学如逆水行舟，不进反退。直到看到老师沈周的一幅画，他才认真进行自我省思，认识到学海无涯，明确了继续努力的方向，最终奠定了自己"江南第一才子"的地位。可见，在求知的道路上，不断进行自我省思是取得进步的必备条件。

西晋时期的周处，年少时臂力过人，好骑马驱驰田猎，不修小节，为祸乡里，大家都以他为祸患。周处自知为人所厌恶，十分感慨，遂自我省思，深有改过之志。为了改过自新，他去求教陆机、陆云，终于认识到自己的不足，端正了人生的方向，不断学习和提高自身修养，最终成为一代忠臣。

这两个例子告诉我们，自我省思如同一剂良药，能够使愚者变得聪明，使邪恶回归善良，所以我们每一个人在做事的时候都要坚持自我省思、自我修正的生活态度，不断取得进步。

第三，自我省思有助于我们完善自己、超越自己。善于自我省思的人能够更好地发现自己的优点和缺点，从而能够扬长避短，充分发挥自身潜能；而一个不善于自我反省的人，则很可能会一次又一次地犯同样的错误，在人生的道路上驻步不前。

1992年9月3日是万通公司成立一周年的纪念日，董事长冯仑将这一天确立为万通公司"反省日"。至今，每年的公司成立纪念日，万通公司上上下下都要检讨自己，时间一长"反省日"成了公司的一项独特传统。创业是一个不断摸索和开拓的过程，创业者难免在此过程中不断地犯错误，反省正是认识错误和改正错误的前提。对创业者来说，反省其实是一种学习能力，反省的过程就是学习的过程。有没有自我省思的能力、具不具备自我省思的精神，决定了创业者能不能认识到自己所犯的错误，能不能改正所犯的错误，是否不断地学到新东西从而不断地完善自己、超越自己。

第四，自我省思有助于我们形成促进自我可持续发展的内生动力。自我省思是一面镜子，帮助我们找出自己的不足，也是我们前进的动力，推动我们走向成功。我们都知道越王勾践"卧薪尝胆"的故事：越王勾践被吴国打败成为俘虏以后，每天都反省自己失败的原因，查找自己的不足，不断总结，激励自己奋发图强。他卧薪尝胆，经过数年反省，不断积蓄力量，最终战胜了吴国，成就了梦想。越王勾践通过内省获取奋发有为的内生动力，给我们留下了一个励志成功的传奇故事。

反省是成功的加速器。著名企业家马云，在事业成功时刻，没有满足于此，而是在成功中总结不足，自我省思，创造性地开拓出电子商务的新平台，为企业的持久辉煌奠定了重要基础。

2010年感动中国人物"三栖尖兵"何祥美无论是在学习中还是在训练中，遇到难题都不退缩，遇到难关总是反省自己哪方面做得不够完美，从自身查找问题，凭着不断自我省思，他在学习中进步，在训练中升华，创造出了一个又一个奇迹。2010年"感动中国人物"颁奖辞对他的评价是："百折不挠，百炼成钢，能上九天，能下五洋，执着手中枪，百步穿杨，胸怀报国志，发愤图强。百战百胜，他是兵中之王！"

自我省思是成功的必备条件，要进步，就要不断反省。一个人需要反省，一个团体需要反省，一个政党也是如此。在战争年代，我们党经过不断反省，纠正党内"左"倾和右倾错误，取得了抗日战争和解放战争的伟大胜利，建立了中华人民共和国。在和平建设年代，我们党系统总结了新中国成立以来的经验教训，应民心顺民意做出了改革开放的重大决策，才使我们的国家出现今天繁荣发展的喜人局面。

自我省思体现的是一种谋求进步的自主性和自觉性，体现的是一股"不用扬鞭自奋蹄"的积极性，体现的是自我纠错、自我调整的主动态度，归之于一点，就是实现个人升华的源源不断的正能量和内生动力。

那么，如何进行自我省思呢？

第一，要培养自我省思的意识，养成自我省思的习惯。人贵有自知之明，最有可能完全了解一个人的正是他自己，而不是别人。古语云："自胜者强，自知者智。""好说己长便是短，自知己短便是长。"自知之明，不仅是一种高尚的品德，更是一种高深的智慧，因此我们在培养自我省思的意识和习惯的时候，要时时自知。做到自我省思是一件不容易的事情，但如果没有充分的"自知"，恐怕更加寸步难行。

走向成功的道路并不是一帆风顺的。要少犯错误，就需要经常反省自己，培养自我省思意识，养成自我省思习惯，多找自身原因，这样才能不断进步。作家三毛曾说："一个肯于虚心吸收观察一切，经常反省、审查自己缺点和优点的人，在求智慧上，就比那些不懂得自省加观察的人来得快速了。"

因此，真正做到自省，才能够战胜自我，而养成自我省思的习惯，具备了自我修养的能力，就很容易实现"自立立人，自达达人"的目标。

第二，自我省思要客观、理性、全面。自知之明，归根到底就是要正确地评价自己。把自己估计得过高，就会盲目自大，看不到自己的短处；把自己估计得过低，就会自卑，甚至畏缩不前。总之，我们要去除私心杂念，静心省思自己，力求做到客观、理性。古语云："心非静不能明，性非静不能养，静字工夫大矣哉！"意思是：要认识自己，必须先静下心来，排除一切干扰和杂念，保持客观、理性、平和的心态，以静思反省来洞察自己的内心，这样，我们才能够看清自己，才能明白自己的心性和本质，谋取发展。这应该也是卡内基所说的"在万籁俱寂中，静心观察自我"的意旨吧。另外，自我省思要全面，要及时总结经验教训，同时要提出解决问题的可行方案，并落实到具体的行动上，最终使自我省思的结果切实落地，这是我们走向成熟、获得成功的根本途径。

心如明镜台，时时勤拂拭，必须进行自我省思。对过去视而不见的人，其未来将是盲目的。希腊哲人苏格拉底曾经说："没有经过反省的人生，是不值得活的。"辉煌的人生是在自省之光的照耀下成就的，自我省思成就了自我的不断超越，成就了自我发展的新境界。时时反省自己，不断超越自我，是每一个普通的个体走向优秀的必经之路。

当局者迷，旁观者清。自我省思并不是一件容易的事情。有人问哲学家泰勒斯："什么是最困难之事?"泰勒斯回答说："认识你自己。"在一定意义上，我们可以把"认识你自己"理解为省察内在的自我。人自省自知之难，正如"目不见睫"——人的眼睛可以看见百步以外的东西，却看不见自己的睫毛。人们常说，人贵有自知之明，自知之"贵"正在于自知之"难"，称自知为"明"则是因为自知正是一个人卓越智慧的体现。

## 二、自我管理

进入大学即进入了一个新的人生阶段。从年龄上说，通常大一学生已经达到18岁的成年年龄，具备了一定的认知判断和自我管理能力。从知识学习角度而言，大家进入了专业学习阶段，这是一个为未来人生和职业发展奠基的重要阶段。说白了，这是一个给自己打造"饭碗"的阶段，将来我们手里拥有的是"金饭碗""银饭碗""铜饭碗""铁饭碗"，甚或有没有"饭碗"，主要取决于大学四年的修炼。总之，进入大学，我们就应该提醒自己：现在，该学会一个人走路了!

（一）适应大学的生活

1. 学会自己打理日常生活

对于很多大一新生来说，他们是第一次离开父母，甚至第一次远离自己熟悉的城市，到一个完全陌生的地方独自开始学习生活。因此，自理能力对于大学新生来说显得尤为重要。我们要努力做好以下几点：学会为自己树立目标，并为自己的日常学习生活制订计划。做到准时起床、适时运动，学会自己整理床铺、整饬物品、收拾房间，学会自己洗衣服，学会照料自己，等等。在日常生活中，能够和同学进行友好的交流，互帮互助，因为同学间的互相影响和互相学习能够在一定程度上促进生活自理能力的提高。看到别人的好做法，要"见贤思齐"，根据自己的情况实行"拿来主义"，为我所用。总之，要把自己的生活打理得井井有条。记得笔者在担任班主任的时候，时常到学生宿舍去转一转，发现很多同学被子不叠，书本、水杯、衣服、鞋子乱堆乱放。这样的宿舍环境反映了一些同学比较欠缺打理自己日常生活的能力——生活既然是乱糟糟的，想必学习也是乱糟糟的，头脑里的做事思路也是乱糟糟的。所以，同学们一定要学会自己打理日常生活，做一个条理清晰的人。

2. 学会理财

新生入学后，很多家长把一个学期的生活费一次划拨给孩子。大学生一般都没有太多的理财经验，一下子拿着这么多钱，缺乏合理的统筹安排，又没有父母的监管，导致盲目、冲动消费。有时一次娱乐就花掉生活费的一半，进校后一个星期就用掉半年生活费的情况在校园内也是屡见不鲜，有的学生开支无计划，时常出现"经济危机"。因此，大学生应培养理财观念，要自己独立计划如何进行消费，要注意分清：在生活中，哪些开支是必需的，哪些开支是完全不必要的，哪些是可有可无的。钱要花在刀刃上，要避免不必要的消费。此外，还要注意根据父母的经济能力来安排自己的日常消费，避免为家庭增添不必要的经济负担。

---

**【知识链接】**

**大学生如何理财**

**一、钱要花在刀刃上**

有的大学生消费不考虑家庭的经济状况，甚至左手进右手出，铺张浪费，这是不可取的，要知道由俭入奢易，由奢入俭难。作为学生，应该把钱花在必须花的地方，而且花钱时不要一味追求档次搞攀比，应充分考虑所购物品的性价比和自己的承受能力。

**二、学会记账和编制预算**

这是控制消费最有效的方法之一。记账并不难，只要你保留所有的收支单据，做一个简单的记账簿，抽空整理一下，就可以掌握自己的收支情况，看看哪些是不必要的支出，哪些是可以控制的，哪些是可有可无的支出，对症下药，对今后的开支做出必要的修正，达到控制消费的目的。

**三、遵守一定的消费原则**

学生时代吃要营养均衡，穿要耐穿耐看，住要简单实用，行要省钱方便。

**四、勤工助学**

可以担任助教、助管，或协助老师进行科研工作，获取一定的劳务费。

**五、尝试兼职**

可以利用课余时间兼职从事家教工作，或假期到企业或公司打工，但一定要注意安全。美国9所州立大学的一份调查显示，美国现在约56%的大学生有较为稳定的兼职工作，曾经或打算兼职的同学超过了90%。兼职是不需要预付任何资本的纯增值方式，而且几乎没有什么风险。找一份合适的校外兼职，既可以自行挣得部分生活费，又可以增加社会经验。

---

（二）适应大学的学习

1. 尽快树立新的学习目标

新生入学后，应尽快树立新的学习目标，做好大学期间的学习规划。大学的学习目标是什么呢？有的同学可能是考研或专升本，有的同学可能是获取某些资格证书，有的同学可能是培养专业能力以便毕业后找到一份好工作，等等。无论是哪一个目标，大学生都要根据自己的实际情况和未来的职业意向，制定一份详细的大学期间的学习规划，要善于将概括的大目标划分成若干具体明确的小目标，做到指向明确，各个击破。这样，你才能积跬步而至千里，在完成小目标的过程中体会大学学习的成就感，在有规划的学习中感受大学学习生活的充实感。总之，就是甫一入学大家就要认真地给自己定好位，以确保大学学习生活起好步。

### 2. 自觉主动地学习

变被动式学习为主动式学习是适应大学学习方式的关键环节。大学学习的特点在于：专业性强，学生自由支配的时间较多，因而需要学生具备较强的计划能力、自学能力、自制能力；大学里有开放的图书馆，有开放的教室资源，有开放的学术讲座，为学生提供了开放的学习环境，因而需要学生具备较强的学习自主性。有的同学认为，大学上课真舒服，老师也不天天检查作业，甚至不用上自习，真轻松；许多同学从高中紧张的学习中一下子松懈下来，把更多的时间用在享受大学安逸的生活上。其实，大学专业学习的知识内容既深且广，同学们不仅应该扎实学习专业知识，还应积极涉猎专业以外的知识，努力拓宽自己的知识面，培养自己的语言文字表达、协同合作、计算机应用等诸多方面的能力。总之，在大学里，学生学习的自由度大了，自由支配的时间多了，老师的教学方式也不再是手把手地步步引领了，这些都决定了大学生必须积极主动、自主自觉地开展学习。

### 3. 学会探索性学习

在大学里，中学时死记硬背的学习方法行不通了，因为大学里强调的是对知识的运用能力，提升的是决定学生未来发展的职业能力，所以要学会运用大学的学习方式学习，科学统筹时间，以提升能力为本。关于探索性学习，可以从以下几个方面着手：注意课前预习，预先发现和概括难点和疑点；课堂上积极听讲，积极参与课堂交流和研讨；课后认真回顾和总结学习内容，并进行适当的课外拓展学习；积极参加学术讲座或加入学术研究类学生社团；积极参加学习经验交流会，向高年级同学请教学习经验；及时记录头脑中闪现的思想火花。另外要摸索出适合自己的学习方法。由于我们每个人的认知方式是不一样的，所采取的学习方法也应有所区别，只有找到适合自己的学习方法，我们的学习才能事半功倍。

### 4. 培养和提升自学能力

大学学业的成功，除了要靠勤奋刻苦外，更要靠科学的学习方法和较强的自学能力。在大学里，老师在课堂上讲授的内容是十分有限的，甚至会刻意留下知识空白，供大家自学探究。很多时候课堂教学只是呈现知识框架，提示教学重点，引出待解决的问题，很多问题需要延伸到课后由学生自行解决，如果大家没有延续课堂教学进行课后自学探究，那么实际上教学过程就没有画上句号。从这个意义上说，自学能力是大学生顺利完成大学学业的基础和前提。我们已经进入知识爆炸的时代，人们公认，21世纪人才的首要能力是"学会学习"，21世纪教育的重要特征是"学习终身化"，学习必将伴随人的一生，如此说来，自学能力既是大学学习所必需，也是职业生涯可持续发展的基础。

### （三）养成好习惯

习惯是思维和性格的某种倾向，是例行的、重复的、通常为无意识的日常行为规律。形成习惯的过程就是有意识地不断重复某一行动的过程，从不熟悉到有意识熟悉，再到无意识熟悉，就进入潜意识而变成习惯了。科学研究告诉我们：坚持一个行动，关键在头三天，如果能坚持21天以上，就能形成一个习惯；如果坚持重复90天以上就会形成稳定的习惯；如果能坚持重复 365 天以上，你想改变习惯都很困难。

习惯决定命运。有一句西方谚语说："Custom makes all the things easy."（形成习惯，事事好办。）大学生精力旺盛，又处于长身体、长知识的关键阶段，良好的生活习惯是确保身心健康，顺利、成功度过大学阶段的重要基础。例如，要养成遵纪守法、严格执行个人计划的好习惯；生活要有规律，合理地安排作息时间和学习时间，养成早睡早起的好习惯；要注意个人卫生，适当进行体育锻炼和文娱活动；要保证合理的营养供应，养成良好的、科学的饮食习惯；杜绝吸烟、酗酒、沉迷电子游戏等不良生活习惯。我们都深有体会，坏习惯一旦形成就很难纠正，所以我们必须防患于未然，从进大学起，就要切实注意这个问题，培养良好的生活习惯，并防止不良生活习惯的形成。

（四）做时间的主人

还要特别强调的是，我们一定要成为时间的主人，做时间掌控者。时间是一种资源，对于每一个人来说具有公平性、不可再生性、不可逆转性、不可增减性、不可替代性和不可蓄积性，时间的这些特性决定了它是世界上最稀缺、最宝贵的资源。

生活中，我们常常感觉时间不够用，那时间都去哪儿了呢？朱自清说："洗手的时候，日子从水盆里过去；吃饭的时候，日子从饭碗里过去；默默时，便从凝然的双眼前过去。我觉察他去的匆匆了，伸出手遮挽时，他又从遮挽着的手边过去；天黑时，我躺在床上，他便伶伶俐俐地从我身上跨过，从我脚边飞去了。等我睁开眼和太阳再见，这算又溜走了一日。我掩着面叹息。但是新来的日子的影儿又开始在叹息里闪过了。"

我们常常抱怨"没时间"，但是这个世界上还有很多人，他们更忙，却完成了更多的工作。他们是怎么做到的呢？秘诀就是科学地掌控时间。

掌控了时间，才能掌控生活。每个人一天都拥有 24 个小时，没有人拥有更多的时间。那些完成更多工作的人，只是学会了更好地掌控自己的时间而已。据华尔街统计：每天睡 4 个小时的人，年薪基本在 400 万以上，以此为基础，多睡 1 个小时，薪水就要除以 4。乔布斯 4 点起床，库克 4：30 起床，巴菲特 6：45 起床，扎克伯格连续几天不睡是常事。大佬们更懂得充分利用时间，高效工作。我们不必人人都学他们早起，但应该学习他们掌控时间的方法。掌控好时间，就能更加高效地利用时间去工作，让自己有更多时间享受生活，最终掌控生活，从生活中获得更大的自由。

掌控时间是人人可学的技巧。掌控时间不是起得比鸡早，睡得比狗晚。例如对于很多人而言，早起可能是个时间管理的好办法，但有的人早起犯困，思想难以集中，盲目早起工作就是不适合自己的时间管理方法，所以对某些人有效的时间管理方法可能对其他人毫无用处。我们需要探寻适合自己的时间管理技巧。下面是两种可资借鉴的掌控时间的方法。

1. ABC 规划系统

我们列出自己的短期目标、中期目标和长期目标，并按重要程度进行分类——把最为重要的目标设为 A 类，一般重要的目标设为 B 类，最不重要的目标设为 C 类，然后把多数时间花在 A 类目标上，并且即便是 A 类目标，也可依紧迫程度不同进行进一步的细分。当然，A、B、C分类只是相对的，如何划分取决于你的价值标准，你需要根据自己的具体情况决定何者重要。此外，我们也应该随着时间的推移不断调整目标重要性排序。

2. 时间管理优先矩阵

这是一种新的时间管理理论，它把工作按其紧迫性和重要性分成四类，形成时间管理优先矩阵，如表5-1所示。

表 5-1　时间管理优先矩阵

| | 紧急 | | 不紧急 | |
| --- | --- | --- | --- | --- |
| 重要 | Ⅰ<br>危机<br>急迫的问题<br>有限期压力的计划 | | Ⅱ<br>防患于未然<br>建立人际关系<br>规划长期目标 | 改进产能<br>发掘新机会<br>休闲 |
| 不重要 | Ⅲ<br>不速之客<br>某些电话<br>某些会议 | 某些信件与报告<br>必要而不重要的问题<br>受欢迎的活动 | Ⅳ<br>烦琐的工作<br>某些信件<br>有趣的活动 | 浪费时间之事<br>某些电话 |

这一矩阵看上去并不复杂，但问题是，我们总是倾向于优先考虑紧急事务而非重要事务，因为对我们来说紧急事务如火烧眉毛，必须立刻完成。但美国企业管理大师史蒂芬·柯维指出，真正的高效能人士应避免陷入第三和第四类事务，要花费更多时间在第二类事务上，减少第一类事务的数量。只有这样，才能有效地管理自己的生活，有更多的时间与家人、朋友在一起，有更多的时间去完成以前因"没有时间"而一直推迟的梦想。当你感觉自己不再像以前那样受制于外界因素，而是开始逐渐学会控制这些因素，你才真正地掌控了自己的生活。总而言之，真正有效地掌控时间，应该是让你更加聪明而不是更加努力地工作。

我们需要注意，有的人很注意掌控时间，实际上却效果不佳，这可能是因为掉入了时间管理的陷阱。因此，我们首先要明确时间管理对于自己的意义在哪里，避免成为片面地执着于井井有条的人。这类人总是不停地列出任务清单，更新清单，并忘记清单。他们投入大量时间进行规划，除非把细节都规划好，否则他们绝不采取任何行动。最后，他们可能根本就没开始工作。他们追求的只是井井有条的感觉，而不是工作本身。简单地说，就是片面地执着于周密地规划，却没有认真地落实。

许多大学生刚入大学时雄心万丈，志存高远，但很快就如温水中的青蛙，不自觉地卸下了行囊，轻装上阵——或沉迷于网络游戏，或沉迷于卿卿我我，或闲云野鹤般虚度光阴，成为时间的奴隶。下面两图呈现的内容令人警醒——时光飞逝，不等闲人，每天浪费一点时间，最终会积少成多，数量惊人，真是不算不知道，一算吓一跳。

## 名言佳句

1. 吾日三省吾身：为人谋而不忠乎？与朋友交而不信乎？传不习乎？

——孔子

2. 见贤思齐焉，见不贤而内省也。

——孔子

3. 我的眼睛离我太近，因此总看不清自己。

——尼采

4. 濯清泉以自洁。

——韩愈

5. 反省是一面镜子，它能将我们的错误清清楚楚地照出来，使我们有改正的机会。

——海涅

6. 谁要是游戏人生，他就一事无成；谁不能主宰自己，就永远是一个奴隶。

——歌德

7. 我的确时时解剖别人，然而更多的是更无情面地解剖我自己。

——鲁迅

8. 以人为鉴，明白非常，是使人能够反省的妙法。

——鲁迅

9. 天上的繁星数得清，自己脸上的煤烟却看不见。

——马来西亚谚语

10. 只一自反，天下没有不可了之事。

——申居郧

11. 反躬自省是通向美德和上帝的途径。

——瓦茨

12. 人生最困难的事情是认识自己。

——特莱斯

13. 最伟大的胜利，就是战胜自己。

14. 人不能没有批评和自我批评，那样一个人就不能进步。

15. 要我写自己的历史，我就写自己的错误。

16. 人之洗濯其心以去恶，如沐浴其身以去垢。

17. 自知之明是最难得的知识。

18. 自重、自觉、自制，此三者可以引至生命的崇高境域。

——丁尼生

19. 时间就像海绵里的水，只要你愿意挤，总还是有的。

——鲁迅

20. 在这个世纪里，人将拥有更多的选择，他们必须积极地管理自己。

——彼得·德鲁克

21. 卓有成效的管理者正在成为社会的一项极为重要的资源，能够成为卓有成效的管理者已经成了个人获取成功的主要标志。而卓有成效的基础在于自我管理。

——彼得·德鲁克

22. 懒惰是天性，通过自我管理可以让自己从惰性中解放出来。

23. 这个世界上根本不存在"没时间"这回事。

——阿兰·拉金

24. 合理安排时间，就等于节约时间。

25. 命运总是光临在那些有准备的人身上。

26. 机不可失，失不再来。

27. 祸福无门，唯人所召。

28. 要持续不断地改正自己的缺点，要持续不断地发挥自己的优势专长。

29. 大多数人想要改造这个世界，但却罕有人想改造自己。

## 课后实践

1. 对自己的自我省思能力和自我管理能力进行评估。

2. 搜集并研读至少 2 个自我省思和自我管理的典型实例材料，并与同学分享你的研读感受。

3. 围绕"自我省思，自我管理"这个主题，撰写一份演讲稿，制作 PPT，准备一次 10 分钟的主题演讲，与同学一起交流研讨。

## 课余拓展

1. 严文科. 会反省，便成长 [M]. 济南：山东友谊出版社，2016.

2. 诺特伯格. 番茄工作法图解——简单易行的时间管理方法 [M]. 大胖，译. 北京：人民邮电出版社，2011.

3. 博恩·崔西. 博恩·崔西的时间管理课 [M]. 刘迪，译. 北京：机械工业出版社，2016.

4. 吉姆·兰德尔. 时间管理——如何充分利用你的 24 小时 [M]. 舒建广，译. 上海：上海交通大学出版社，2012.

5. 詹文明. 德鲁克谈自我管理 [M]. 北京：东方出版社，2012.

6. 彼得·德鲁克. 自我发现与重塑 [M]. 刘铮等，等译. 北京：中信出版社，2015.

7. 凯利·麦格尼格尔. 自控力 [M]. 王岑卉，译. 北京：文化发展出版社，2012.

8. 许湘岳，吴强. 自我管理教程 [M]. 北京：人民出版社，2011.

9. 斯蒂芬·盖斯. 微习惯——简单到不可能失败的自我管理法则 [M]. 杜君，译. 南昌：江西人民出版社，2016.

10. 网易公开课：如何掌控你的自由时间。（http://open.163.com/movie/2016/12/I/B/MC82BCQAN_MC8U8L3IB.html）

## 课外链接

附录一：

### 每周都应该自我反省的 20 个问题

当处于新的起点，我们需要花些时间来好好地思考一下我们的生活，这主要是通过回顾过去和展望未来实现的。我们思考生活中的成功、失败和所有引人注目的事情，正是这些事情使我们的生活像故事一样慢慢上演着。自我反省的过程能使我们对过去的经历和将来想要走的路都有一个清晰的认识。它对于保护我们的梦想，实现我们的目标和愿望都是非常有用的。

以下20个问题有助于我们最大限度地发挥自我反省的作用。每周日早上或周末空闲的时候，如果你有时间安静地思考，那么你都应该好好地回忆一下这些问题。记住，反省是进步的钥匙。

（1）上周我学到了什么？——如果你感觉回答这个问题非常困难，那么是时候做出改变了。无论如何，每周你都应该学到一些新的东西。

（2）上周我最大的收获是什么？——反思自己的成绩对于提高自信心和自我满足感都是非常有效的方法。

（3）上周最难忘的是哪一刻？为什么？——它可能会打开你的心扉，使你拥有新的激情和目标，或者回忆起过去的美好时光。

（4）这周我最需要完成的事情是什么？——除此以外其他一切事情都是次要的，并且就应该这样对待。当然，对其他重要的任务来说，这个问题也同样适用。

（5）为了减少这周的压力，我现在能做些什么？——在你的日历中设置提醒，现在能做的立即动手……总之，要做好预先安排。

（6）过去我做出的什么努力能影响到即将到来的这一周？——这是为了从你过去的奋斗中学到一些东西，并为将来发生的意外更好地做好准备。

（7）上周浪费时间最多的是什么？——要设法排除这个干扰，以利于下一步的学习和工作。

（8）我带到这周来的许多额外的包袱能丢掉吗？——身体上的凌乱，思想上的混乱……消除这些不必要的因素，确保要做的事情顺利完成。

（9）对于那些必须做的事情，有什么我一直没有完成？——将那些事情记下来，周一早上花两分钟或更少的时间，考虑首先完成它们。

（10）目前还有什么机会？——如果它仍然可行，并且你想要得到，那么这周就制订一份具体的计划来实现它。

（11）过去我有一直想要和他说话的人吗？——定期沟通可以在问题变糟之前解决它们，所以要始终和你身边的人保持沟通。

（12）有人值得你好好说声谢谢吗？——每周都要花些时间去感谢那些帮助过你的人，你的这些举动不会被忽视的。

（13）在接下来的一周我怎样才能帮助别人？——得到你想要的东西的最简单的办法是帮助他人得到他们想要的东西。如果你帮助了他们，那么当你需要帮助的时候，他们也会记得你。

（14）未来3年我最大的3个目标是什么？——在生活中如果你不为自己设定切合实际的目标，那么你就永远不可能取得进步。

（15）我最近的表现能使我更加接近我的目标吗？——如果答案是否定的，那么你需要做出一些改变了。

（16）每个目标的下一步是什么？——知道接下来的步骤是完成整件事情的关键。

（17）接下来的一周我想干什么？——这个答案可以作为我们动力的强大源泉。如果没有什么事情，那么就安排一些事情来完成。

（18）我害怕什么？——每周都将你害怕的事情列举出来并慢慢地克服它们。

（19）我最感激的事情是什么？——这是你能保持客观评价事情的一个明智的办法，并且有时候你绝对不能忽视。

（20）如果我知道我仅仅能再活一周，那么我将和谁度过我最后的时光？——另一种有益的提醒，生命是短暂的，多花些时间在有意义的事情上。

每周花 30 分钟的时间，给你自己准备一份这样的自我反省的礼物，你一定会受益匪浅。

（转引自：http://www.doc88.com/p-474114371342.html。内容有删减）

附录二：

## 每日十问反省法

1. 一问早读完成了吗？
2. 二问今天上课开小差了吗？
3. 三问今天学习中提出问题了吗？
4. 四问今天功课复习了吗？
5. 五问今天有未懂的难题吗？
6. 六问今天锻炼身体了吗？
7. 七问今天浪费时间了吗？
8. 八问今天计划完成了吗？
9. 九问明天的功课预习了吗？
10. 十问明天的计划制订了吗？

如表 5-2 所示：

表 5-2　每日十问反省记录表

| 项目 | 周一 | 周二 | 周三 | 周四 | 周五 | 周六 | 周日 |
| --- | --- | --- | --- | --- | --- | --- | --- |
| 1 | | | | | | | |
| 2 | | | | | | | |
| 3 | | | | | | | |
| 4 | | | | | | | |
| 5 | | | | | | | |
| 6 | | | | | | | |
| 7 | | | | | | | |
| 8 | | | | | | | |
| 9 | | | | | | | |
| 10 | | | | | | | |

说明：表中 1~10 表示每日所要反省的内容，做到的打√；做不到的打×。请每日做好记录。

附录三：

## 彼得·德鲁克：管理自己

本文是《哈佛商业评论》创刊以来重印次数最多的文章之一。作者彼得·德鲁克，自1971年以来长期在美国加利福尼亚州克莱尔蒙特研究生大学任教。该文首次发表于1999年，节选自其著作《21世纪的管理挑战》（*Management Challenges for the 21st Century*），选入本教材时有删节。

我们生活的这个时代充满着前所未有的机会：如果你有雄心，又不乏智慧，那么不管你从何处起步，你都可以沿着自己所选择的道路登上事业的顶峰。

历史上的伟人——拿破仑、达·芬奇、莫扎特都很善于自我管理。这在很大程度上也是他们成为伟人的原因。不过，他们属于不可多得的奇才，不但有着不同于常人的天资，而且天生就会管理自己，因而才取得了不同于常人的成就。而我们当中的大多数人，甚至包括那些还算有点天赋的人，都不得不通过学习来掌握自我管理的技巧。

### 一、我的长处是什么

多数人都以为他们知道自己擅长什么。其实不然，更多的情况是，人们只知道自己不擅长什么——即便是在这一点上，人们也往往认识不清。然而，一个人要有所作为，只能靠发挥自己的长处，从事自己不太擅长的工作是无法取得成就的，更不用说那些自己根本干不了的事情了。

要发现自己的长处，唯一途径就是采取回馈分析法（feedback analysis）。每当做出重要决定或采取重要行动时，你都可以事先记录下自己对结果的预期。9~12个月后，再将实际结果与自己的预期比较。我本人采用这种方法已有15~20年了，而每次使用都有意外的收获。

我们只要持之以恒地运用这个简单的方法，就能在较短的时间内，发现自己的长处——这是你需要知道的最重要的事情。在采用这种方法之后，你就能知道，自己正在做（或没有做）的哪些事情会让你的长处无法发挥出来。同时，你也将看到自己在哪些方面能力不是特别强。最后，你还将了解到自己在哪些方面完全不擅长、做不出成绩来。

根据回馈分析的启示，你需要在以下几个方面采取行动：

首先，最重要的是，专注于你的长处，把自己放到那些能发挥长处的地方。

其次，强化你的长处。回馈分析会迅速地显示你在哪些方面需要改善自己的技能或学习新的技能。它还将显示你在知识上的差距——这些差距通常都可以弥补。

最后，发现任何由于恃才傲物而产生的偏见和无知，并且加以克服。有太多的人，尤其是那些术业有专攻的人，往往对其他领域的知识不屑一顾，或者认为聪明的头脑就可取代知识。其实，要让自己的长处得到充分发挥，你就应该努力学习新技能、吸取新知识。

### 二、我的工作方式是怎样的

令人惊讶的是，很少有人知道自己平时是怎样把工作完成的。实际上，我们当中的大多数甚至不知道不同人有着不同的工作方式和表现。许多人不是以他们习惯的方式工作，这当然就容易造成无所作为。

一个人的工作方式也是独一无二的，这由人的个性决定。不管个性是先天决定的，还是后天培养的，它肯定是早在一个人进入职场前就已经形成了。就像从事自己最拿手的工作容易做出成绩一样，采取自己最擅长的工作方式，也容易取得成就。

### 三、我如何学习

在所有最重要的自我认识中，最容易做到的就是知道自己是怎样学习的。当我问人们："你怎么学习？"大多数人都知道答案。但是当我问："你根据这个认识来调整自己的行为吗？"没有几个人回答"是"。然而，知行合一是取得成功的关键；如果知行合一了，人们就会无所作为。

### 四、我的价值观是什么

要能够自我管理，你最后不得不问的问题是：我的价值观是什么？我们所遵从的伦理道德要求你问自己：我每天早晨在镜子里想看到一个什么样的人？在一个组织或一种情形下合乎道德的行为，在另一个组织或另一种情形下也是合乎道德的。但是，道德只是价值体系的一部分——尤其对于一个组织的价值体系来说。如果一个组织的价值体系不为自己所接受或者与自己的价值观不相容，人们就会备感沮丧，工作效率低下。

### 五、我属于何处

到这个时候，他们应该知道上面所谈的三个问题的答案：我的长处是什么？我的工作方式是怎样的？我的价值观是什么？随后，他们就能够并且应该决定自己该向何处投入精力，或者，他们应该能够决定自己不属于何处。成功的事业不是预先规划的，而是在人们知道了自己的长处、工作方式和价值观后，准备把握机遇时水到渠成的。知道自己属于何处，可使一个勤奋、有能力但原本表现平平的普通人，变成出类拔萃的工作者。

### 六、对人际关系负责

除了少数伟大的艺术家、科学家和运动员，很少有人是靠自己单枪匹马而取得成就的。不管是组织成员还是个体职业者，大多数人都要与别人进行合作，并且是有效的合作。要实现自我管理，你需要对自己的人际关系负起责任，这包括两部分内容。

第一部分内容是要接受别人是和你一样的个体这个事实。他们会执意展现自己作为人的个性。这就是说，他们也有自己的长处、自己的做事方式和自己的价值观，因此，要想卓有成效，你就必须知道共事者的长处、工作方式和价值观。

人际关系责任的第二部分内容是沟通责任。在我或是其他人开始给一个组织做咨询时，我们听到的第一件事都与个性冲突有关。其中大部分冲突都是因为：人们不知道别人在做什么，他们又是采取怎样的工作方式，专注于做出什么样的贡献以及期望得到怎样的结果。而这些人不了解情况的原因是，他们没有去问，结果也就不得而知。组织建立在信任的基础上，人与人之间相互信任，不一定意味着他们彼此喜欢对方，而是意味着彼此了解，因此人们绝对有必要对自己的人际关系负责。

（转引自：http://www.sohu.com/a/146173300_652625。内容有删减）

# 第六讲

# 智慧做人 人际和谐

**■本讲要点**

　　大学生们正值十七八岁的青春年华，正处于世界观、人生观、价值观形成的关键阶段，同学们不仅要认真学好专业知识，还要学习做人处事的智慧，提升个人的思想境界，这也是大学阶段需要学习的重要内容。

　　大学就是一个小社会，同学们来自五湖四海，文化背景有别，风俗习惯有异，价值观念也有所不同。在这个踏入社会之前的"练兵场"里，我们也要积极学习人际交往知识，培养和锻炼人际交往能力，为自己的学习和生活建构一个和谐的人际环境。

## 一、智慧做人

　　"世事洞明皆学问，人情练达即文章。"做人处事是一门大学问，需要讲求智慧。在日常生活中，我们要面对的事情很多，一些琐事甚至让人异常烦躁，如何才能处理好身边的事情？怎样才能良好地应对错综复杂的人际关系？这就需要我们有"学"（知识学习）有"习"（实践练习），逐步提升。具体来说，我们可以特别关注以下方面：

　　（一）追求"中庸"之境

　　"中庸"包含三层意思：一是不偏（中）不易（庸）；二是"中正、平和"；三是"中用"，即要做一个有用的人。简单来说，"中庸"也就是不偏不倚，恰到好处，它要求我们做人处事要拿捏好火候，既不要"过"，也不要"不及"，做到"正好"。显然，"中庸"是适中之道，"中庸"不仅是"庸"，即不高调，更是"中"，即不偏不倚、不走极端，也就是"适中"。

　　"中庸"对人的行为提出了很高的标准，要时时处处达到这样的标准，显然是很困难的，但是，虽不能至，却心向往之，它仍然应该作为我们每个人的日常行为追求，成为一种"常人之道"，因为"中庸"既蕴含着做人处事的智慧，也为我们提供了日常行为的标准。

"中庸"是人生大道,是人们思考和处理问题的方法,是中华民族独有的智慧,也应该成为我们智慧做人的基本追求。

### (二) 常怀感恩之心

感恩是一种处世哲学,也是生活中的大智慧。有一颗感恩的心,我们才会有积极的人生观和健康的心态。我们要养成感恩的习惯,每天清晨醒来时,默默地感激已有的生活和所爱的人。在生活、工作、学习中,我们会遇到许多给予我们帮助的人,也许我们不能一一回报,但对他们表示感恩是必要的。

懂得感恩的人,往往距离成功更近。某公司需要招聘一位职员,前来应聘的人经过甄选,最后只剩下5个人。公司告诉这5个人,聘用结果会在三天内发到他们的邮箱里。三天后,其中一位应聘者的电子邮箱里收到一封信,内容是:"很抱歉,经公司研究决定,你落聘了。我们很欣赏你的学识、气质,但名额有限,这实在是割爱之举。祝你好运!"看完电子邮件,她有点儿难过!但又为该公司的诚意所感动,便顺手花了一分钟回复了一封简短的感谢信。两天后,她却接到那家公司的电话,说经过经理层会议讨论,她已被正式录用为该公司职员。她很不解,后来才明白邮件其实是公司的最后一道考题。她能胜出,只不过因为多花了一分钟时间去感谢。这个故事告诉我们:要想拥有幸福的生活,就要怀有一颗感恩的心。

一个懂得感恩并知恩图报的人,才是天底下最富有的人。感恩是一份美好感情,是一种健康心态,是一种良知,是一种动力。人有了感恩之心,生命就会得到滋润,并时时闪烁纯净的光芒。永怀感恩之心,常表感激之情,人生就会充实而快乐。

### (三) 人生要有大格局

什么是格局?格局就是一个人的眼光、胸襟、胆识等心理要素的内在布局。一个人的未来有多广阔,取决于他心中的格局有多大。那些只会盯着树皮上的虫子不放的鸟儿,是不可能飞到白云之上的,而能在天地间自由翱翔的雄鹰,心中装着的则是山河天地。

一粒石榴种子有三种结局:放到花盆里栽种,最多只能长到半米高;放到缸里栽种,就能够长到一米多高;放到庭院空地里栽种,就能够长到四五米高。可见,拥有怎样的格局,就拥有怎样的命运:格局不够大,人生成就再高也有限;格局大,人生未来的路才能宽。我们每个人都在与未来博弈,在这个过程中,唯有格局才是制胜的关键。谋大事、成大事者必须布大局,大格局决定着事情发展的方向,有大格局才会有大作为,掌控住了大格局,也就掌控住了局势。

"局限"就是一个人给自己设的"局"太小。拥有小格局者往往会因为生活不如意而怨天尤人,因为一点小的挫折就一筹莫展,看待问题的时候常常是一叶障目,最终成为碌碌无为的人。所以,有大格局就要有大方向,不因为外界压力而改变;有大格局就要有大器量,不被琐屑小事牵绊。

（四）舍得舍得，有舍有得

舍得舍得，人生在世，最难把握的也就是"舍得"这两个字了。小舍小得，大舍大得，不舍不得，越舍越得。人生有舍才有得，当你懂得"舍"时，你就会"得"到更多。

拥有和失去是常有的事情。失去，本是一种痛苦，但也是一种幸福，因为失去的同时也在获得。得到本是一种快乐，但是，在得到的同时，你可能也会失去很多。人生就是这样，不断地在得与失之间重复。失中有得，得中有失，得失方寸间。凡事顺其自然，遇事处之泰然，得意之时淡然，失意之时坦然，只有坦然面对得失，才能收获快乐和幸福。

人无所舍，则无所成。舍得是一种境界，更是一种智慧。舍得眼前的得失，着眼于长远战略，着眼于长远的未来，这样才能比别人走得更远。

有舍有得，才是人生。舍得，是一种理智，是一种豁达，是一种成熟，是一种境界，更是为人处世的大智慧，是我们必须学会的一种生存艺术。

【知识链接】

人生就是一场权衡和取舍，不同的取舍造就不同的人生。美国总统林肯曾经说过："那些所谓成功了的人，就在于他懂得做出正确的选择。"如果你想有所作为，就一定要懂得有舍才有得，有失有得才是真正的人生。

生活中，我们在进行取舍的时候，一定不要过于关注眼前的利益，而要从长远考虑。暂时的"舍"未必真的是"舍"，暂时的"得"也未必就是"得"。比尔·盖茨考上了千万人梦想中的哈佛大学，但是为了充分发挥自己的能力，他选择了退学，自己创业。比尔·盖茨舍掉了无数人梦寐以求的大学生活，才成就了后来的微软，并成为世界首富。

怀着一颗平常的心去看待"舍"与"得"，认识到"舍"与"得"是人生的一个常态。"舍"也不必心灰意冷，"得"也不必骄傲自满。怀着平常心去看待"舍"与"得"，并不是要你无所作为，随遇而安。当面临"舍"与"得"的选择的时候，一定要认真、全面地分析"舍"与"得"的利弊，从长远出发，从大局出发，做出正确的选择，因为不同的选择给你带来的可能是不同的人生。

（五）不计较，不比较

法国哲学家孟德斯鸠说过："假如一个人只是希望幸福，这很容易达到。然而，我们总是希望比其他人幸福，这就是困难所在，因为一般人坚信其他人比自己幸福。"在人生的道路上，每个人都在不断地累积着令自己烦恼的东西，包括名誉、地位、财富、亲情、人际关系、健康、知识、事业，也包括烦恼、郁闷、挫折、沮丧、压力等等。这些东西压得人们喘不过气来，使人们失去了原本应该享受的乐趣，增添许多无谓的烦恼。其实人生没有什么事情值得大惊小怪，更没有什么事情值得斤斤计较。

古人云："至道无难，唯嫌拣择。"其实，做人做事太过于精明和斤斤计较，样样都不肯放手，就会使生命负重，活得很累；反之，少一些计较之心，对他人多一些宽容，就会很轻松。有生活智慧的人，会有所不为，懂得有收有放，所以这样的人通常比其他人更快乐一些。

人们常说"人比人气死人"，这不就是比较他人、计较小事导致的结果吗？在生活中，我们经常发现一些同学和他人比较穿着打扮，计较琐碎小事，导致自己的大学生活偏离正确轨道，因为一味地比较最容易动摇我们的心态，改变我们的初衷，而比较的结果，不是使人自卑，就是使人自傲，总之是流于平庸。

大事务必清楚，小事还须糊涂。"区区与人较是非，其量与所较之人相去几何?"我们一定要抓住关键点，舍弃计较之心，做一个宽宏大量的人。心小了，所有的小事就大了；心大了，所有的大事都小了。不在无所谓的事情上比较和计较，这样就会专心做自己的事，减少许多烦恼，使快乐永远伴随我们。

### （六）回归简单，活在当下，感受美好

非淡泊无以明志，非宁静无以致远。大道至简，人活一生也应如此。我们为什么会不厌其烦、孜孜不倦地去追求那些看似风光实际上令人身心疲惫的"负担"?皆因内心少了一份简单，少了一种简单的人生态度。与其困在财富、地位与成就的壁垒中迷惘，不如尝试以一颗简单的心追求一种简单的生活。绝大多数人很难摆脱世俗的欲望，终日忙碌，然而当你停下脚步静坐独思时，就会发觉一种宁静缓缓地由心而发，明代思想家王阳明所提倡的，正是这种独坐观心的宁静。

活在当下，珍惜拥有，不仅是一种感悟，也是一种智慧，更是一种积极向上的人生态度。说到底，活在当下就是自在、洒脱，没有任何牵挂地生活。一秒钟之前的你，已不是你，他已经属于过去了。过去不可得，谁能从过去抓回些什么?过去似烟花，在空中一闪，就不见了。一秒钟之后的你，也不是你，他仍然属于未来。未来也不可得，未来只是一个幻想。过去已死，未来还没有生。真正属于我们的就只有当下，我们最终能掌控的，也只有当下。活在当下，就是以阳光的心态，过阳光的生活；就是活得有理想，有智慧，有尊严；就是让我们做生活的主人，不做生活的奴隶! 它是一种心灵的净化与升华，是一个在一秒钟内就能改变自己的智慧，是勇敢且真诚地直面自己，直面生活。

境由心造。我们的生活中并不缺少美，而是缺少善感的心灵和发现美的眼睛。

其实，生活本身就是一种美，它有着自然之美、心灵之美、失败之美、成功之美。自然之美，是它的壮丽美；心灵之美，是它的真善美；失败之美，是它的体验美；成功之美，则是它的收获美。感受生活之美，会使你重新认识这个世界，看到它的丰富多彩，对它更加充满希望。

## 二、人际和谐

大学生经历多年寒窗苦读，与社会接触的机会很少，普遍缺乏社会经验，有很多大学生上大学前甚至连住校的经验都没有，如何与同学朋友相处是大学生进入大学后必须面对的功课，所以大学生应该补上"人际交往、人际和谐"这堂课，学会为人处世的一些基本原则，提升人际交往能力，构建和谐的人际关系。

### （一）己所不欲，勿施于人

在《论语·卫灵公》中，子贡曾经请教孔子终身遵循之道："有一言而可以终身行之者乎?"孔子回答："其恕乎! 己所不欲，勿施于人。"《中庸》也曰："施诸己而不

愿，亦勿施于人。"在孔子看来，如果用一个字来描述终身奉行之道，那就是"恕"，也就是自己不愿意做的事情，也不要强加到别人身上。相应地，如果自己都不希望被人这般对待，推己及人，自己也不要那般待人。

对于这句话，南宋大儒朱熹在《朱熹集注》中释为："推己及物。"也就是说，用自己的心意去推想别人的心意，设身处地替别人着想。这句话揭示了处理人际关系的一项重要原则：人应当根据自己内心的体验来推测别人的思想感受，以对待自身的行为为参照物来对待他人，这可以说是孔子为我们确立的最重要的立身准则。

己所不欲，勿施于人。这句话揭示的是处理人际关系的重要原则。人应该有宽广的胸怀，学会换位思考，提高情商，多角度多立场思考问题。倘若把自己所不欲的，硬推给他人，不仅会破坏与他人的关系，也会把事情弄僵而不可收拾。人与人之间的交往确实应该坚持这种原则，这是尊重他人、平等待人的体现。尊重别人，才能获得别人的尊重；觉得别人是傻瓜的人，恰恰是最大的傻瓜。人生在世除了关注自身的存在以外，还得关注他人的存在，人与人之间是平等的，切勿将己所不欲之事强施于人。

**（二）常言赞美之辞**

生活中，我们要多看别人好的方面，多看别人的优点，不要吝惜赞美之词，要真诚赞美他人。仁善的赞美之词即便很简短，也会产生无限深远的影响。很多时候，真诚的赞扬可以收到奇效，批评和耻笑却会把事情弄糟。真诚地赞美他人，需要我们做到以下几点：

第一，赞美别人要发自内心。真诚的赞美是对对方表露出来的优点的由衷赞美，所赞美的内容是确实存在的，不是虚假的，这样的赞美才能令人信服。如果你赞美别人时口是心非，不是发自内心的，对方就会觉得你言不由衷，或另有所图。

第二，不要把奉承误认为是赞美。真诚赞美是无本的投资，阿谀奉承等于以伪币行贿。真诚的赞美是"发现"对方的优点而赞美之，阿谀奉承是"发明"对方的优点而夸奖之。真诚地赞美别人绝对不是阿谀奉承。

第三，赞美别人时要重视目光交流。赞美时眼睛要注视对方，流露出一种专心倾听对方讲话的表情，让对方意识到自己的重要，这样才能达到一种无声胜有声的效果。

第四，赞美要有见地。赞美对方的容貌不如赞美对方的服饰、能力和品质。同样是赞美一个人，不同的表达方法取得的效果却大相径庭。例如，当你见到一位其貌不扬的女士，却偏要对她说："你真是美极了。"对方立刻就会认定你所说的是虚伪至极的违心之言。但如果你着眼于赞美她的服饰、工作能力、谈吐、举止，她一定会高兴地接受的。

第五，赞美要具体。赞美他人要尽量避免使用模棱两可的表述，如"还可以""凑合""挺好"等。含糊的赞扬往往比侮辱性的言辞还要糟糕，侮辱至少不会带有怜悯的味道。

**（三）凡事多忍让**

做人无疑应该坚守内心的原则，坚守心灵深处的高贵，不应该因为屈服于外部压力或贪图物质利益就轻易妥协。然而，在个人名利受到损害，或个人利益与他人发生矛盾时，如果能退让一步，则不仅不是懦弱，反而是一种大忍之心的体现。

古人云："退一步海阔天空，忍一时风平浪静。"在非原则性问题上，我们如果能以宽容之心对待他人之过，就能得到化干戈为玉帛的喜悦。对于别人的过失，虽然必要的指正无可厚非，但是若能以博大的胸怀去忍让、去宽容别人，就会让自己的精神世界变得更加精彩。

中国古代有这样一个故事：清河人胡常与汝南人翟方进一起学习，后来胡常先做了官，名誉却不如翟方进好。胡常为此在心里总是嫉妒翟方进的才能，当与别人议论时，总是不说翟方进的好话。翟方进听到这些事之后没有以牙还牙，而是想出了一个退让的方法。每当胡常召集门生、讲解经书时，翟方进就主动派自己的门生到胡常那里去请教疑难问题，并且诚心诚意、认认真真地做好笔记。时间长了，胡常就明白了这是翟方进有意推崇自己，于是内心十分不安，以后在官场上就不再贬低而是赞扬翟方进了。翟方进有意退让的智慧使他与胡常化干戈为玉帛。

### （四）保持理性

保持理性，也就是在面对各种抉择时要做出理性的判断。要想获得成功与幸福的人生，我们就应该保持理性。保持理性，其实是一种高质量的"心灵选择"，它能使人脱离庸俗和肤浅，摆脱狭隘和自私，让思想在苦难中受到锤炼，让灵魂在苦难中实现升华，让意志在苦难中变得坚强，使生命在苦难中激发活力，从而实现人生的最大价值。

掌控理性的大脑皮层只进化了1万多年，而掌控情绪的边缘系统则进化了几百万年，要用理性一直压制情绪化是不可能的。而且，保持理性需要意志力，而人的意志力是有限的，所以我们很难一直保持理性。但是，保持理性必须成为我们的处世准则。判断一个人格局大小的一个很重要的标准，就是在面临矛盾、危机的时候，是否具有对自己情绪的自控和驾驭能力。凡是伟大的人物都是"镇静"的高手，因为他们知道，随感性而动，对于解决问题毫无意义，不仅会影响自己的正常思考，还会让人做出错误的判断和选择。相反，保持理性，控制好情绪，保持平静从容的心态会使人在任何场合应付自如。

保持理性要求我们学会克制自己的情绪，不随意发泄自己的不良情绪；要求我们保持独立的人格、独立的精神和独立的立场，不轻易受外界各种干扰因素的影响；要求我们处理矛盾冲突时有理、有利、有节；要求我们遇事多权衡，凡事三思而后行；要求我们善于听取别人的意见和建议，特别是别人的批评意见。

### （五）严以律己，宽以待人

孔子在《论语·卫灵公》中说道："躬自厚而薄责于人，则远怨矣。"这句话的意思就是，做人重要的是要严格要求自己，而对别人则采取宽容的态度，即使在责备和批评别人的时候，语气也应该是和缓宽厚的，这样自然就不会招致怨恨了。相反，在现实生活中如果我们把一切错误都归咎于别人，而不去反省自己，就会招致别人的怨恨与不满，给自己带来不必要的损失与麻烦。

孟子云："爱人者，人恒爱之，敬人者，人恒敬之。"其意思就是：仁爱的人爱别人，礼让的人尊敬别人；爱别人的人，别人也会爱他，尊敬别人的人，别人也会尊敬他。在为人处事当中，如果我们能常怀一颗仁爱之心，爱人如己，时时处处站在他人的立场和角度上考虑问题，才能做出正确的选择，才能受到别人的尊敬和爱戴。

清代康熙年间，桐城境内有一个脍炙人口的民间故事。大学士张英的府第与吴姓相邻，吴姓盖房欲占张家隙地，双方发生纠纷，告到县衙。因两家都是高官望族，县官欲偏袒相府，但又难以定夺，连称凭相爷做主。相府家人遂驰书京都，张英阅罢，立即批诗寄回，诗曰："一纸书来只为墙，让他三尺又何妨。长城万里今犹在，不见当年秦始皇。"家人得诗，旋即拆让三尺，吴姓深为感动，也让出三尺。于是，便形成了一条六尺宽的巷道。这段历史在安徽以至全国广为流传，彰显了乡邻之间、亲朋之间、人与人之间互敬礼让、和谐共融的传统美德。

作为大学生，我们既要严格规范自己的行为，更要宽容地对待他人。俗话说，宽宏大量者高朋满座，心胸狭窄者门庭冷落。宽容是一种修养、一种美德、一种胸怀，更是一种人生境界。宽容了别人就等于宽容了自己，不仅使自己的心灵得到净化和升华，也是对自己最好的善待。

---

【知识链接】

### 关于宽容

生活像一片汪洋，宽容是扁舟，泛舟于汪洋之上，才知海的宽阔。

生活像一座山峰，宽容是小径，循径而上，才知山的高大和巍峨。

生活像一杯咖啡，宽容是奶糖，二者的融合，才知道苦中的芳香与甜美。

人善我，我亦善人；人不善我，我亦善之。

人心不是靠武力征服的，而是靠爱和宽容大度征服。

当一只脚踏在紫罗兰的花瓣上时，它却将香味留在了那只脚上，这就是宽容。

一个精神病人闯进了一位医生家里，射杀了他三个花样年华的女儿，他却仍然为那个精神病人治好了病，这也是宽容。

人如果选择了计较，那么他将在黑暗中度过余生；而一个人选择了宽容的话，那么他能将阳光洒向大地。

宽容别人，就是解放自己，还心灵一份纯净。

宽容是一种非凡的气度、宽广的胸怀，是对人对事的包容和接纳。

宽容是一种高贵的品质、崇高的境界，是精神的成熟、心灵的丰盈。

宽容是一种仁爱的光芒、无上的福分，是对别人的释怀，也是对自己的善待。

宽容是一种生存的智慧、生活的艺术，是看透了社会人生以后所获得的那份从容、自信和超然。

---

（六）以微笑面对他人和生活

怎样使自己的生活更愉悦、人际关系更和谐、事业更成功呢？秘密可能在于两个字——微笑。俗话说，笑一笑，十年少；忧一忧，白了头。许多人通过表情来判断一个人的内心，一张微笑的脸可以告诉人们，你是一位充满正能量的人士，值得去了解。

在人际交往中，保持微笑，至少有以下几个方面的作用：第一，表明心境良好。面露平和欢愉的微笑，说明心情愉快，充实满足，乐观向上，善待人生，这样的人才会产生吸引别人的魅力。第二，表明充满自信。面带微笑，表明对自己的能力有充分的信心，以不卑不亢的态度与人交往，使人产生信任感，容易被别人真正地接受。第三，表明真诚友善。微笑反映自己心底坦荡，善良友好，待人真心实意，而非虚情假意，使人在与其交往中自然放松，不知不觉地缩短心理距离。第四，表明乐业敬业。在工作岗位上保持微笑，说明热爱本职工作，乐于恪尽职守。如在服务岗位，微笑可以创造一种和谐融洽的气氛，让服务对象倍感愉快和温暖。

微笑是一种无声的亲切的语言，微笑是一曲无声的动人的乐章，微笑是一缕阳光，微笑是一阵春雨，微笑可以洗去我们心中的污垢。微笑可以向对方传递很多积极正面的因素和情感，迅速拉近彼此的距离，要营造积极向上的个人内心世界，实现人际关系的和谐，让我们保持微笑吧。

---

**【知识链接】**

### 微笑吧，你将受益匪浅

1. 微笑，不但使人心情舒畅、精神振奋，而且能够消除忧虑、稳定情绪，可以加快血液循环，起到与胸部、肠胃、肩膀周围的上体肌肉运动一样的效果。研究证明，微笑有强心健脑、促进呼吸、改善消化、缓解疼痛、降压健身和防治疾病等多种保健功能。

2. 微笑，不单是一种表情，更是一种感情，是拉近人们之间距离的法宝，是融洽人际关系的催化剂。微笑是无声的问候，是心灵相通的阳光，传递着亲切与尊重的信息，为深入沟通与交往创造温馨和谐的氛围。

3. 微笑，传递给人的是愉快和友善的情感信息，它犹如春风与美酒，滋润人们的心灵，沟通人们的情感，化解人际矛盾。微笑是人生最好的名片，谁不希望跟一个乐观向上的人交朋友呢？真正甜美的微笑，是和蔼的体现、亲切的象征，往往比言语更真实、更富魅力，也是一个人良好综合素养的自然流露。那些态度积极、开放和灵活的人，往往比那些孤僻、不苟言笑的人能更好地应对挑战。

美国心理学家和面部表情专家保罗·艾克曼博士研究发现，当一个人模仿笑的表情时（抬起头，张开嘴唇，放声大笑），他会感到幸福。艾克曼和他的研究伙伴曾经做过一个大学生人群的研究实验。研究人员测量学生的大脑活动，而学生遵循指令使他们的脸颊和嘴周围的肌肉来做表达微笑的动作。研究结论是：学生微笑不管是自发还是故意的，他们的大脑活动都显示他们非常高兴。他们同时发现，那些经常把笑容挂在脸上的人比那些没有这样做的人更加积极乐观。

研究发现，皱一下眉头需要牵动 20 块肌肉，而微笑只需要牵动 13 块肌肉，微笑可以减少面部皱纹，延缓衰老，保持愉悦心情。

研究人员还提出了微笑减肥法。他们发现，10～15 分钟的开心微笑，可以"燃烧"掉人体内相当于一块大巧克力所含的热量。

---

### （七）以诚待人

与人相处，贵在真诚。英国诗人乔叟曾说过："真诚才是人生最高的美德。"很多人总觉得周围的人难以信任，感叹世事难料，人心不古。其实，在抱怨别人没有真诚对待自己的时候，你是否问过自己，你以一颗真诚的心对待这个世界了吗？如果你对他人失去了真诚，又有什么资格获得真诚呢？谈到真诚，冯友兰曾经说："以文艺作品为例。为什么有些作品，能令人百看不厌呢？即因其中有作者的'一段真至精神'在内。"不管是什么样的作品，真正打动人心的是那份真诚的精神与情感，而不是那些华丽的文字。《周易》曰："修辞立其诚。"我们说话、写文章都要表达自己真实的见解，这叫"立其诚"。做人也是如此，唯有用一颗真诚的心，才能换得别人的真诚相待。

真诚是一种品格，同时也是我们立身的根本。敞开心扉，真诚地对待他人，那份"真至精神"终将落入世人的眼中和心中。在生活中，我们要学会以真示人。真诚待人是赢得人心、产生吸引力的必要前提。当遇到与你在生活背景、生活方式、个体性格、价值观等方面有差异的人时，更要保持"求同存异"的心态，做到充分尊重和包容。

其实，人生的大智慧都是很简单的，并没有那么高深。在人的一生中，我们对他人、对事情、对信仰，只需要让内心充满真诚即可，这就是智慧，也是真诚的魅力所在。所以，我们要感谢真诚，因为真诚，我们可以活得轻松、活得真切，可以在真情的天堂里拥有人生最大的幸福。

## 名言佳句

1. 夫缘道理以从事者，无不能成。

——韩非

2. 给自己一个准确的定位，别错位，别越位，别失位。

3. 不傲才以骄人，不以宠而作威。

——诸葛亮

4. 真者，精诚之至也，不精不诚，不能动人。

——庄子

5. 如果你要采蜜，不可弄翻蜂巢。

——美国谚语

6. 人性中最深切的禀质，是被人赏识的渴望。

——詹姆斯

7. 成功的第一要素是懂得如何搞好人际关系。

——富兰克林

8. 做人讲智慧，关涉的是自己；处世要得当，关涉的是外部关系。"内""外"兼修，方为正道。

9. 生活中其实没有绝境，绝境在于你自己心没有打开。

10. 心境善，事事皆善；心境美，事事皆美。

11. 低调做人，严谨做事，勤于积累，丰富人生。

12. 忍一时风平浪静，退一步海阔天空。

13. 浮生如茶，破执如莲，戒急用忍，方能行稳致远。

14. 先做人，后做事，只有做人到位，才能做事成功。

15. 凡事要求品质，做事的品质决定了你的成就。

16. 一个人的行为习惯将决定他一生的高度。

17. 伟大的心胸，应该表现这样的气概——用笑脸来迎接悲惨的厄运，用百倍的勇气来应付一切的不幸。

——鲁迅

18. 得道者多助，失道者寡助。

——孟子

19. 学会宽容，世界会变得更加广阔；忘却计较，人生才会永远快乐。

——古希腊谚语

20. 宽容就像清凉的甘露，浇灌了干涸的心灵；宽容就像温暖的壁炉，温暖了冰冷麻木的心；宽容就像不熄的火把，点燃了冰山下将要熄灭的火种；宽容就像一只魔笛，把沉睡在黑暗中的人叫醒。

——雨果

21. 真诚对待生活，才能赢得生活的真诚回报。在社会交往中，让自己坦然、真诚、自信、充满生命的活力，充分展示自己的人格魅力，就会赢得成功。虔诚的开端，带来美好的结束。

——雨果

22. 不会宽容别人的人，是不配受到别人的宽容的。

23. 如果你做事缺乏诚意，或者迟迟不愿动手，那你即使有天大本事，也不会有什么成就。

——狄更斯

24. 微笑传达自信和敬业精神。

——莉莉·加西亚

25. 显示出对别人的欢乐不屑一顾的样子，那是侮辱了别人。

——玛格丽特·尤瑟娜尔

26. 三人行，必有我师焉；择其善者而从之，其不善者而改之。

——孔子

27. 益者三友，损者三友。友直，友谅，友多闻，益矣。友便辟，友善柔，友便佞，损矣。

——孔子

28. 谁要是在世界上遇到过一次友爱的心，体会过肝胆相照的境界，谁就是尝到了天上人间的快乐。

——罗曼·罗兰

29. 友情是天堂，没有它就像地狱；友情是生命，没有它就意味着死亡。

——威·莫里斯

30. 和好人交朋友，受到朋友的帮助，自己就随着好了，所谓"与善者居，如入芝兰之室，久而不闻其香"；与坏人交朋友，受到朋友的侵蚀，自己随着就坏了，所谓："与不善者居，如入鲍鱼之肆，久而不闻其臭"。所以我们要知道择交，要交益友，不交"损友"。

——谢觉哉

31. 夫君子之行，静以修身，俭以养德，非淡泊无以明志，非宁静无以致远。

——诸葛亮

32. 友谊是两颗心真诚相待，而不是一颗心对另一颗心的敲打。

——鲁迅

33. 世间最美好的东西，莫过于有几个头脑和心地都很正直的严正的朋友。

——爱因斯坦

34. 不要总是要求别人给我什么，要想我能为别人做什么。

35. 人家帮我，永志不忘，我帮人家，莫记心头。

36. 谨言慎行。

　　　　　　　　　　　　　　　　　　　　——《礼记·缁衣》

37. 不能用温情征服对方的人，用殴打也征服不了对方。

　　　　　　　　　　　　　　　　　　　　　——契诃夫

38. 爱，能使世界转动。

　　　　　　　　　　　　　　　　　　　　　——狄更斯

39. 谁若想在困厄时得到援助，就应在平日待人以宽。

　　　　　　　　　　　　　　　　　　　　　——萨迪

40. 世界上最宽阔的东西是海洋，比海洋更宽阔的是天空，比天空更宽阔的是人的胸怀。

　　　　　　　　　　　　　　　　　　　　　——雨果

41. 只要你们纯洁、诚实，多替别人着想，一生的成功就有把握。

　　　　　　　　　　　　　　　　　　　　　——马克·吐温

42. 要做一个在寒天送炭、在痛苦中送安慰的人。

　　　　　　　　　　　　　　　　　　　　　——巴金

43. 在一切道德品质之中，善良的本性在世界上是最需要的。

　　　　　　　　　　　　　　　　　　　　　——罗素

44. 和你一同笑过的人，你可能把他忘掉；但是和你一同哭过的人，你却永远不忘。

　　　　　　　　　　　　　　　　　　　　　——纪伯伦

45. 对众人一视同仁，对少数人推心置腹，对任何人不要亏负。

　　　　　　　　　　　　　　　　　　　　　——莎士比亚

46. 在艰苦日子里要坚强，在幸福日子里要谨慎。

47. 一个人要获得成功，除了要严于律己，还要谨慎行事。

48. 自满、自高自大和轻信，是人生的三大暗礁。

49. 自私自利之心，是立人达人之障。

50. 自以为聪明的人，往往是没有好下场的，世界上最聪明的人是最老实的人，因为只有老实人才能经得起事实和历史的考验。

　　　　　　　　　　　　　　　　　　　　　——周恩来

51. 生活是欺骗不了的，一个人要生活得光明磊落。

　　　　　　　　　　　　　　　　　　　　　——冯雪峰

52. 说谎话的人所得到的，就只是即使说了真话也没有人相信。

　　　　　　　　　　　　　　　　　　　　　——《伊索寓言》

53. 生活只有在平淡无味的人看来才是空虚而平淡无味的。

　　　　　　　　　　　　　　　　　　　　　——车尔尼雪夫斯基

54. 一个能思想的人，才真是一个力量无边的人。

　　　　　　　　　　　　　　　　　　　　　——巴尔扎克

55. 爱心是一片冬日的阳光，使饥寒交迫的人感到人间的温暖；爱心是沙漠中的一泓清泉，使濒临绝境的人重新看到生活的希望；爱心是一首飘荡在夜空里的歌谣，使孤苦无依的人获得心灵的慰藉；爱心是一场洒落在久旱的土地上的甘霖，使心灵枯萎的人感到情感的滋润。

## 课后实践

1. 搜集一些彰显人生智慧的格言警句，与同学一起分享，共勉。

2. 反思自己在"智慧做人 人际和谐"方面存在的不足，制订一份解决问题的方案，有意识地实施，弥补自己的不足。

3. 围绕"智慧做人 人际和谐"这个主题，写作一份演讲稿，制作PPT，准备一次10分钟的演讲。

## 课余拓展

1. 丁远峙. 方与圆 [M]. 深圳：海天出版社，2006.

2. 吕静霞，伏建全. 《止学》中的80个做人智慧 [M]. 北京：中国致公出版社，2010.

3. 郭晓蕾. 智慧做人灵活处事 [M]. 北京：华艺出版社，2007.

4. 傅云龙，蔡希勤. 中庸 [M]. 北京：华语教学出版社，2006.

5. 金丽. 真诚地赞美他人 [M]. 西安：陕西旅游出版社，2003.

6. 潘鸿生. 抛开感性保持理性 [M]. 北京：北京工业大学出版社，2010.

## 课外链接

附录一：

### 一个人的失败，主要败在脾气!

如果你是对的，你没必要发脾气；如果你是错的，你没资格去发脾气。这才是真正的智慧，可惜大多数人没有想透彻。

泰国的传奇人物白龙王告诫：人只要脾气好，凡事就会好。人的一生都在学做人，学习做人是一辈子的事。士农工商，各种人等，只要学习就有进步。

**学习认错**

人常常不肯认错，凡事都说是别人的错，认为自己才是对的，其实不认错就是一个错。认错的对象可以是父母、朋友、社会大众，甚至向儿女或是对自己不好的人主动坦诚地认错，自己不但不会少什么，反而显得有度量。学习认错是一个大修行。

**学习柔和**

人的牙齿是硬的，舌头是软的，到了人生的最后，牙齿都掉光了，舌头却不会掉，所以要柔软，人生才能长久，硬反而吃亏。

**学习忍耐**

忍一时风平浪静，退一步海阔天空。忍就是会处理、会化解，用智慧、能力将大事化小、小事化无。有了忍，可以认清世间的好坏、善恶、是非，甚至坦然接受它们。

**学习沟通**

缺乏沟通，会产生是非、争执与误会。沟通就是相互了解、相互体谅、相互帮助，大家都是龙兄虎弟，互相争执、缺乏沟通怎么能和平呢？

**学习放下**

人生像一只皮箱，需要用的时候提起，不用的时候就把它放下，应放下的时候却不放下，就像拖着沉重的行李，无法自在。人生的岁月有限，认错、尊重、包容才能让人接受，放下才自在！

**学习感动**

看到人家得到好处，要欢喜；看到好人好事，要感动。在几十年的人生岁月里，总有许多事情会感动我们，我们也要很努力地想办法让别人感动。

**学习生存**

为了生存，要维护身体健康，身体健康不但对自己有利，也让朋友、家人放心，所以也是孝亲的行为。

每天晚上睡觉前问问自己：今天我发脾气了吗？

（转引自：http://mp.weixin.qq.com/s?__biz=MzA4ODUzNjAxOA==&mid=2671045028&idx=1&sn=eb6b6d7eea7514d69490c9a329737f4c&scene=23&srcid=08187iWb8MJOFA4SMq9WBQor#rd）

附录二：

## 微笑是一种力量

微笑是一个可以让你脱颖而出的好办法，同时它也可以让你的身体更好地运行，让你变得更健康、更能抵抗压力、更有魅力。微笑是让你活得更加长久快乐的途径。

1. 微笑使我们有吸引力

我们被微笑的人吸引，因为他有一种吸引人的因子。我们渴望了解一个微笑的人，想知道是什么让人如此开心。愁眉苦脸只会把人推开，而微笑却把人吸引过来。

2. 微笑改变我们的心情

当你情绪低落的时候，试着去假装微笑，这个尝试会让你的心情变好。微笑可以"欺骗"你的身体，从而改变你的心情。

3. 微笑会传染

当某个人微笑时，愉悦感会传染给其他人，整个房间的气氛会变得轻松，其他人的心情也会随之改变，使大家变得更加快乐。

4. 微笑可以减压

压力真的可以爬上我们的脸庞，微笑避免我们看上去很疲惫。当你感到压力时，你该抽出时间微笑一下，这样压力就会减少，你的工作就可以做得更好。

5. 微笑增强免疫力

微笑可以让免疫系统更好地工作。当你微笑时，免疫功能会因你的放松和愉悦而增强。

6. 微笑降低血压

当你微笑的时候，你的血压将显著降低。如果你家中有血压计，你可以试一下。

7. 微笑促进内啡肽、自然镇痛杀伤物质和5-羟色胺的释放微笑是一种天然药物。研究显示，微笑能够促进内啡肽、自然镇痛杀伤物质和5-羟色胺的释放，这三种物质可以让我们感觉更好。

8. 微笑可以美容，让你看起来更年轻

肌肉群通过微笑可以达到修整容颜的效果，能让人们看上去更年轻。尝试经常微笑——这样你就会变得年轻。

9. 微笑让你看上去是成功的

微笑的人看上去更加自信，更容易让人接近，升职的可能性也更大。在开会或者约会中面带笑容，人们对你的感觉会很不一样。

10. 微笑让你保持积极

当我们微笑的时候，我们的身体向我们传输的信息是"生活是美好的"。微笑让消极、压力和恐惧都离我们远去。不妨做一个测试：先保持微笑，再马上微笑着想一下消极的事情，这是很困难的。

（转引自：http://www.bigear.cn/news-87-101615.html。内容有删减）

附录三：

## 适应大学的人际关系

### 一、相互尊重彼此的差异，求同存异

大学新生彼此是陌生的，每个同学对其他同学都有一定的好奇心，因此，刚开始同学之间都非常有礼貌，能够谦虚、宽容、相互关心、相互体谅。随着相处时间的增多、彼此的了解日益深入，就会发现同学的一些缺点和不足。当别人的言行举止不符合自己的要求时，要学会求同存异，承认每个人有各自不同的生活习惯和价值观念，不要以个人好恶作为标准，更不要把自己的标准强加于人，也不要把新朋友与中学时代的好朋友比较。不妨换个角度想问题：别人是如何看待我的"异样"的？这样就能更好地理解、尊重别人。针锋相对，寸步不让，不但于事无补，还会把事情弄得更糟。当然，如果同学的行为确实妨碍了自己，可以委婉地提出意见。

### 二、保持开阔的心胸，积极与同学交往

交往的心理和行为受内在的态度支配，与同学交往时的正确态度应是以诚待人，这能使他人产生安全感；为人要讲信用，这能使人享受到一种尊重感，愉快地与你交往；对人要宽容豁达，这会使人产生一种报答感，主动与你交往。在平时的生活中，应做到"三主动"：主动与同学打招呼、主动与同学讲话、主动帮助别人。在帮助别人的时候，不要过于计较别人将来会不会报答你。

### 三、掌握人际交往的基本技能，学会与人沟通

人与人间良好关系的建立离不开良好的人际沟通，良好的人际沟通是开启人与人心灵沟通的钥匙，是化解人际误解和冲突的宝剑，是增进人与人之间感情的润滑剂。新生孤独苦闷感的产生常常与不会同别人交往、不能及时建立新的友谊有关。我们可以从以下几个方面提升人际交往的技能：主动与人交往，这既能加强相互之间的了解，增进感情交流，也可避免猜疑和误会；真诚地赞赏别人，使别人感受到他自己的价值并对赞扬者予以友善的回报；乐于助人，从物质或精神上给人以帮助，这可迅速缩短人与人之间的距离，使亲密关系较快地建立起来。与他人交往，要注意把握好交往的尺度，学习与人交谈的方式，注意倾听对方的讲话，注意交往细节。在给同学提意见的时候，一定要讲

究方法和技巧，例如给别人提意见不能当着众人的面，以免使对方难堪、丢面子。

四、适应新的师生关系

中学阶段，教师与学生朝夕相处，相互之间沟通、交流的频率和质量都非常高。教师和学生之间不仅有学习上的交流，也有生活上的沟通。因此，教师名副其实地成为学生的良师益友。然而，大学教师通常是上完课就走，学生想找老师交流专业问题却不容易找到。很多教师，除上课外，还担任领导职务或承担科研任务，他们的时间非常紧张，所以，如果你不主动与老师沟通和交流，老师可能以为你没有这样的要求。大学生要学会利用课前、课间、课后的机会，通过面对面、网络、电话等多种渠道主动与老师交流。

（转引自：https://wenda.so.com/q/1368318969065088。内容有删减）

# 第七讲

# 善于交流　学会协作

■本讲要点

人生活在社会之中，无时无刻不在与人交流，但是人们与他人交流的能力有强有弱，所以不同的人在人际交流过程中取得的交流效果也不同，大学生一定要有意识地提高自己与人交流的能力。

我们每个人的能力都是有限的，要出色完成任何一项工作，没有集体的协同合作是不可能的。所以，个体只有出色地融入集体，才能变得出色。学会与他人协同合作，也是大学生的一门必修课。

## 一、善于交流

### （一）交流和交流能力

交流是将信息传送给对方、接收对方回应的信息并予以反馈的双向或者多向的过程。交流能力可以理解为交流活动参与者所具备的能胜任交流工作，并与他人有效地进行信息交流和情感沟通的客观能力。与人交流能力不仅仅是一种能说会道的能力，实际上它是一项包含了从穿衣打扮到言谈举止等一切行为的能力。

一个具有良好的与人交流能力的人，可以将自己所拥有的知识和能力进行充分的发挥和展示，能给对方留下"我最棒""我能行"的深刻印象，从而赢得对方的信任，达到预期的交流效果。提高与人交流的能力，一是指提高充分理解别人的能力，二是指提升使别人全面、准确地理解自己的能力。

概而言之，与人交流主要包括交谈讨论、当众发言、书面表达等几个方面：

第一，交谈讨论，即与一个或几个特定的人就某一特定问题进行交流和探讨的活动。交谈讨论的最终目标是，使各方的意见得以充分表达，集思广益，求同存异，达成一致意见或形成解决问题的最佳方案。进行有效的交谈讨论应注意以下几点：①事先进行充分的交流准备；②交流要密切围绕预设的主题进行；③注意交流礼仪，尊重他人，平等交流；④认真倾听他人的发言，充分获取对方发言传递的信息；⑤语速适当，条理清晰地阐述自己的观点。在进行表达的时候可以适当地放慢语速，这样在与人交流中就不容易出现卡壳现象。

第二，当众发言，即围绕某一主题单方面向不特定听众阐述自己的观点。很多人当众发言时内心极度紧张，表情、行为很不自然，甚至心怀恐惧。美国曾经有一本非常畅销的书，书名是《列表之书》。该书调查了人类的恐惧事项，排在第一位的竟然是"在一群人面前讲话"，对"死亡"的恐惧只排在第六位。可见，很多人对于"当众发言"是心存畏惧的。

当众发言的目的在于阐述或者说服听众接受自己的观点、意见或方案。成功的当众发言需要注意以下几个方面：①明确发言的目的，了解听众；②明确发言的主题，把握发言的内容；③充分收集材料，准备发言提纲、讲稿或PPT；④反复演练，做好充分的准备，特别是心理准备；⑤仪容仪表准备，特别是要选择得当的服饰。

第三，书面表达，即借助文字符号，以书面的形式向外界传递信息的语言活动或语言交际形式。在我们的日常生活中，多数时候是通过口语进行人际交流的，但是在工作中，由于工作程序的特定要求，书面表达成为一种十分重要的交流方式。书面表达并不是把口语转换成文字那么简单，它在语言表述、内容格式等方面有着专门的规范要求——应该做到措辞规范、格式正确。

书面表达能力是一种文字组织、运用的能力。提高书面表达能力绝非一朝一夕之功，必须立足于日常的学习和积累。要说有什么捷径可循的话，我们不妨注意以下几点：①多阅读。经常诵读比较典型的文件、论文等，边研读边学习，看别人是如何用笔"说话"的。时间久了，积累得多了，文字组织和运用能力就会逐渐提升。②多练习。平时要结合工作生活需要，做到勤于思考，勤于动笔，把想到的、看到的、领悟到的随时记录下来，多写多练，勤于实践。时间久了，写得多了，书面表达能力就会逐步提高。

（二）交流的重要性

我们生活在社会之中，不管是平时生活，还是日常工作，我们无时无刻不在与他人交流。我们需要了解别人的想法，别人也需要了解我们的想法，这些都是通过人际交流来实现的。普林斯顿大学对一万份人事档案的调查分析显示，智慧、专业技术和经验只占成功因素的25%，其余75%取决于良好的人际沟通与交流。而哈佛大学就业指导小组的调查结果显示，在500名被解职的男女中，与人交流能力欠缺而导致工作不称职者占82%。

与人交流能力的重要性体现在方方面面：

第一，职业工作需要我们具备良好的与人交流能力。各行各业，无论是会计、工程师，还是医生、护士、教师、推销员，都需要良好的与人交流能力。据统计，在护理工作中，护士大约70%的时间用于与他人交流，剩下30%左右的时间用于分析问题和处理相关事务。很显然，从事护理工作不仅需要具备扎实的专业知识和专业技能，也需要练就较强的与人交流能力。

第二，社会生活需要我们具备良好的与人交流能力。我们在生活中几乎每时每刻都要与他人交流。但是很多时候我们发现交流远非我们想象的那样简单。很多时候，我们意图向他人表达某个意思，却没有表达清楚；要为他人办一件好事，但却有可能弄巧成拙；本来想与他人消除误会和隔阂，但却可能弄得更僵。我们也观察到，同样一件事情，张三交涉了半天时间也没有成功，但李四与对方一番交流之后却马到成功了。结果的不同反映了交流效果的差异，归根结底则是两人与人交流能力的差距。可见，与人交流能力也是一种社会生存能力。

第三，良好的与人交流能力也是个人身心健康的保证。与家人的良好交流，能使你享受到家庭的天伦之乐；与恋人的良好交流，能使你品尝到爱情的甘甜；在孤独痛苦、忧愁苦闷时，与朋友的良好交流能使你的心灵得到安慰。英国著名文学家、哲学家培根有句名言：如果把快乐告诉朋友，你将获得两个快乐；如果你把忧愁向朋友倾吐，你将被分担一半忧愁。

看来，与人交流能力是一个人生存与发展的必备能力，也是我们取得职业成功，享受完美人生的重要因素。如果我们想成就不平凡的人生，就必须积极培养和训练自己的与人交流能力。

（三）如何与人交流

与人交流能力并不是一项本能，而是一种能力，也就是说，与人交流能力并不是天生就具备的，而是可以后天培养和训练出来的。那么怎样才能提高自己的与人交流能力呢？下面，我们一起来看一看提高与人交流能力的门径和技巧。

1. 选择恰当的交流时机

我们都知道，春天是植树的季节，在大雪纷飞的寒冬植树是绝难成功的。可见，做任何事情都是要讲求时机的。与人交流也是这样，也要注意讲求恰当的时机。现实中很多时候，因为交流时机不当，不但没有解决问题，反而使问题变得更糟。所谓"选对时机"，就是要在对的时间、对的地点、对的心情、对的气氛、对的主题下进行交流，切记"三不谈"：时间不恰当不谈，气氛不恰当不谈，对象不恰当不谈。所以，交流之前我们需要问一下自己：是否为交流做好了准备？通过交流要解决什么问题？达到什么目标？针对不同的交流对象采取哪种方法更合适？双方目前的合作气氛如何？交流对象的心情和态度如何？应该选择何种交流场合和环境？重视时机有助于促进交流目标的实现，上述这些问题考虑周到了，才算是选对了交流的时机。

2. 选择恰当的交流方式

我们经常在不同的场所，如办公室、会议室、私人聚会等进行交流，我们也经常与各种不同的人，如领导、客户、同事、亲戚、朋友、邻居、陌生人等进行交流。在不同的场所，面对不同的对象，我们应该运用不同的语言，采取不同的交流方式，以便使自己的交流方式得体、恰当，取得良好的交流效果。例如，在日常生活中与朋友、邻居的交流应该表情自然、语言通俗；在工作场所与领导、客户、同事交流，就需要严肃的交流态度和得体的交流语言。总之，得体的交流方式才是恰当的。讲到这里，需要特别提一下讲普通话的问题。很多人不会讲普通话，一口家乡话让别人听起来很别扭。普通话是全国通用的现代标准汉语，随着人员流动的加速，我们和不同地域的人们之间的交往越来越频繁，说好普通话既便于相互之间的交流，也是对对方的尊重。

另外，我们也有必要认真地向自己问问以下几个问题：①通常是你主动与别人交流还是别人主动与你交流？②在与别人交流的过程中，你会处于主导地位吗？③你觉得别人适应你的交流方式吗？要知道，主动交流与被动交流的效果是完全不同的。如果你能迈出主动交流的第一步，就更容易与别人建立广泛良好的人际关系，更容易在与他人的交流中处于主导地位。当你处于主导地位时，就会集中注意力，主动去了解对方的心理状态，并调整自己的交流方式，以便更好地完成交流过程，从而取得预期的交流效果。

3. 注意交流的原则和技巧

实现良好的交流，需要注意以下的交流原则和技巧：

（1）认真聆听，全面、准确地理解对方的观点

卡内基曾经说，要一个人做事的唯一方法，就是把他想要的东西给他。当然，想要知道对方要什么，通过倾听来了解对方的想法绝对是不可或缺的第一步。卡内基同时提到，如果你想成为一个交流高手，必须先努力成为一个专心听讲的人。当对方感到你在认真倾听的时候，他会更愿意充分表达自己的观点，从而有助于你更为充分地获取交流信息。当对方默不作声或欲言又止的时候，我们可以通过询问的方式来引导对方充分表达自己的想法，以便更好地了解对方的立场、需求、愿望、意见与感受。总之，与人交流的第一要领是要善于聆听，而不是自己一直滔滔不绝地说个没完。

（2）保持自信，尊重对方

在与他人交流的过程中，要保持自信的态度。成功人士往往不随波逐流或唯唯诺诺，而是有自己的想法与作风，他们总是能够对各种情形泰然处之，很少情绪失控或与人争辩，他们清楚地了解自己、肯定自己，他们的共同点是拥有自信，而有强烈自信的人常常是最会与人交流的人。

在与人交流过程中，我们还要注意尊重对方，尊重对方的意见和观点。交流各方的地位都是平等的，我们的意见未必正确，真理可能掌握在对方的手里。如果我们不

能平等地与对方交流，尊重对方，设身处地为对方着想，体会对方的感受与需要，就可能会想当然地忽略对方观点中的真理性。当然，如果我们不尊重对方，也很可能会影响对方发表意见的积极性和主动性，进而使交流目标无法有效达成。

4. 注意交流风格，避免陷入各执己见的辩论

卡内基认为，在辩论的时候，90%的结果是：双方都更加坚定自己原来的看法是对的。双方都很难从辩论中获得胜利，因为假如你辩输了，你当然输了，但假如你辩赢了，你还是输了，为什么呢？因为你在辩论中把对方攻击得体无完肤，最后证明他的论点一无是处，结果又如何呢？你觉得很痛快，可是对方呢？你已经伤害了他的尊严。你的胜利只不过让对方感到愤慨而已，对方很可能会口服心不服，或者心怀成见，他的观点实质上可能仍然不会改变。

在交流中，如果双方采取对立立场，往往成效不彰，因为人人都有自我防卫心理，不情愿接受对方的批评。即使只是眼神透露出的不屑，也难免会刺激对方敏感的神经。所以要改变一个人的想法，就一定要先接纳他，然后才有可能改变他原本的观点。当你很真诚地向对方说"是的，你讲得有道理"，对方也会更加乐于接纳你的观点，这时你才有机会让他接受你的想法。对方心扉没有打开，真正有价值的交流是不可能发生的。

心理学家研究发现，一个人跟别人交流后，所留给他人的印象，只有20%取决于谈话的内容，其余80%则取决于交流谈话的风格。当你采取强势风格，即使有理，到最后还是会给别人留下不好的印象。所以，与其得理不饶人，不如采取得饶人处且饶人的交流风格——接纳对方，进而扭转对方的思考，方是上策。

5. 注意肢体语言

恰当地运用肢体语言也是一门学问。有人专门研究了一个人从他人那里获取信息的方式。结果有点令人惊讶：通过语言获取的信息仅占7%，通过语气获取的信息约占38%；通过肢体语言获取的信息则高达55%。可见，肢体语言虽然是一种无声的语言，但却是一种更有效的语言。

很多人已经注意到了肢体语言在交流中的重要作用。但是，要恰如其分地理解和运用肢体语言还是有一定的困难的。在与他人交流时，应当注意通过非语言信号来观察对方和表达自己的观点。这需要我们做好两件事情：一是理解别人的肢体语言，二是恰当地运用自己的肢体语言。

（1）理解别人的肢体语言

肢体语言比口头语言表达的信息更多，因此，理解别人的肢体语言是理解别人的一个重要途径。从他人的目光、表情、肢体运动与姿势，以及彼此之间的空间距离中，我们都能够感知对方的心理状态。了解了对方的喜怒哀乐，我们就能够在调整我们的交往行为时做到有的放矢。但是，理解别人的肢体语言必须注意以下几个问题：①同样的肢体语言在不同性格的人身上意义可能不同。举例来说，一个活泼、开朗、乐于与人交往的女孩儿，在与你交往时会运用很丰富的肢体语言，不太在乎与你保持较近的距离，也时常带着甜蜜的表情与你谈话。但是，这并没有任何特殊的意义，因为她与其他人的交往也是这样。然而换成一个文静、内向的女孩儿，上述的信息可能就意味着她已经开始喜欢你了。②同样的肢体语言在不同情境中意义可能不同。同样是笑，

有时候是表示好感，有时候是表示尴尬，而有的时候则可能是表示嘲讽，这都需要我们结合具体的语境来加以区别。③要站在别人的角度去考虑。要注意换位思考，用心去体验别人的情感状态，也就是心理学上常讲的要注意"移情"。如果别人对你表情淡漠，很可能是由于对方遇到了不顺心的事，因此不要看到别人淡漠就觉得对方不重视你。事实上，这样的误解在年轻人中最容易出现，也最容易导致彼此之间产生隔阂。站在别人的角度、替别人着想，才能使交往更富人情味儿，使交往更加有效。④要培养自己的观察能力。要培养自己敏锐的观察力，就要善于从对方不自觉的姿势、目光中发现对方内心的真实状态。

（2）恰当地运用自己的肢体语言

恰当运用肢体语言，需要注意做到以下几点：①有意识地运用肢体语言。我们可能会注意到，那些比较著名的演说家、政治家，都很善于根据交流的情境运用富有个人特色的肢体语言，使自己的"言""行"相得益彰。这些有特色的肢体语言并不是与生俱来的，都是经常有意识运用的结果。②经常自省自己的肢体语言。自省的目的是检验自己以往使用肢体语言是否有效，是否自然，是否使人产生过误解。了解这些，有助于我们随时对自己的肢体语言进行调整，使它更有效地为我们的交往服务。③改掉不良的肢体语言习惯。改变不良的肢体语言的意义，是消除无助于交流反而使交流效率下降的不良肢体语言习惯。有人在与人谈话时，常有梳头发、随便搓手、摸桌边等多余而杂乱的肢体动作，有的人有一些空泛的、重复的、缺少信息价值的肢体动作，如两手在空中不停地比画、双腿机械地抖动等，这些无助于表情达意的动作会给人留下不好的印象，有时会让人觉得很不礼貌。同时，这些无意义的肢体语言也会分散对方的注意力，从而可能会影响交流的效果。

所以，不同性格的人做出的同样的肢体语言，其意义很有可能是不一样的，同样的肢体语言在不同的语境中的意义也可能是不一样的。因此，不但要了解肢体语言的意义，而且要培养自己的观察能力，要站在对方的角度来思考，善于从对方不自觉的姿势表情或神态中发现对方的真实想法。在使用肢体语言的时候，我们要注意适人、适时、适地的"三适"原则，要注意运用肢体语言的情境是否合适，是否与自己的角色相一致，以提升交流效果。

（四）与几类人的交流

1. 与父母的交流

一个人逐渐长大的过程，同时也是自主意识和独立性不断增强的过程。大学生已经达到或接近成年，已经有了自己的思想，希望他人将自己看成大人，特别是渴望父母像对待大人那样对待自己，尊重并支持自己的想法。然而父母呢？已经习惯于把我们当孩子看待，总是给予我们无微不至的呵护，这也不放心，那也不放心，担心我们少不更事，误入歧途，希望以自己的经验为我们建言献策，保驾护航。一方渴求独立解放，自我做主；一方却欲图继续大包大揽，指点江山。亲子冲突也就在所难免了。

实现亲子之间的良性交流，需要双方明确以下两点：第一，大学生对于新事物、新知识的了解往往相较父母为多，已经具备一定的思考能力和判断能力，具备了一定的独立解决问题的能力；第二，父母是我们最爱的人，也是这个世界上最爱我们的人。

人们常说：父母吃的盐比孩子吃的饭还多，他们确实有着更为丰富的人生经验。多数时候，父母提出的建议是正确的，我们要认真对待，不可充耳不闻。当然，父母的有些知识和经验可能已经过时，并不适用于当下的情形，但必须牢记，父母提出意见和建议的初衷是为我们好，我们要善于理解和分析父母的意见和建议，感恩父母的关爱。

实现亲子之间的良好交流要掌握以下基本要领：第一，了解是前提。了解父母，交流就有主动权。知道父母怎么想，对我们有什么期望，我们与他们交流就有了预见性和主动权。第二，尊重理解是关键。尊重是与父母交往的基本要求。如果连最爱自己、对自己付出最多的人都不尊重，就失去了最起码的道德。与父母交流时一定要理解父母的心情，讲求礼貌，不能任性。第三，理解父母的有效方法是换位思考。当我们不理解父母、与父母冲突的时候，要学会换位思考，替他们想一想，了解他们是为了什么，有什么想法，有什么道理。这会使我们变得更加冷静和理智。第四，对于交流的结果要求同存异。交流不要走极端，两代人之间毕竟存在差异，难免有不同的观点，不一定非要统一，而要努力做到求同存异。找到"同"，我们就有了共同的语言和行动；暂存"异"，就是保存对父母的尊重和理解。

另外，我们还要克服闭锁心理，向父母传递有关自己的信息和情况，表达自己的心情，说出自己的意见，让父母了解自己。我们要保持自己的独立性，但不要忽略与父母的沟通和交流。与父母发生矛盾时，要耐心解释，以得到他们对自己的谅解。即使父母不对，也要就事论事，不能迁怒于父母。长辈经历过"疾风骤雨"，以他们几十年的人生经历，看问题要成熟得多。我们在慢慢长大，应该学着独立，但成熟和独立会有一个过程，不是突然的。要经常坐下来，跟父母谈谈你在学校的情况，谈谈你遇到的烦恼，这样父母也会诚恳地与你交谈，从中你可以得到很多有益的启示。善于交流本身就是你越来越成熟、独立的表现。在交流中，父母也会受你的影响，接受一些年轻人认可的新生事物，缩小代沟，增进家庭亲情。父母是爱我们的，只要我们同样以爱的方式对待父母，交流的障碍就会大大减少。

2. 与老师的交流

与中小学老师专注于教学、与学生"长相厮守"不同，大学里的老师一般都承担一定的科研任务和教学管理工作，平时比较忙，而且大学里一般没有固定的教室，上完课大家便四散而去，所以师生之间联系相对松散，交流相对较少。从学生的角度而言，大家进入大学之后面临着生活环境、学习内容和学习方法的显著改变，需要通过与老师的积极交流来获得指导，消除疑惑。这就引出了师生之间如何交流的问题。

建议大家通过以下途径积极主动与老师交流：第一，充分利用课前、课间或课后的时间与老师交流。大学里老师一般都会提前到达教室进行授课准备，课间一般会有10分钟的休息时间，课后往往也并不急于离开，大家可以充分利用这些时间与老师交流。这些时间相对短暂，可以用于交流与课程学习有关的问题。第二，通过QQ、微信、短信或电话与老师交流。网络技术的发展使人与人之间的交流更为便捷。相对来说，QQ、微信、短信交流适用于不紧急的事情和比较容易说明的问题，优点是可以尽量减少对对方的打扰；电话适用于比较紧急或三言两语难以表述清楚的问题，如果需要与工作比较繁忙的人进行电话沟通，最好事先通过QQ、微信、短信进行沟通，大致告知对方希望交流的问题，确定对方何时比较方便接听电话。第三，相约面谈。对于更为复杂的问题，大家可以与老师沟通，约定某个时间当面交流。当面交流的好处是双方可以进行更加富有成效的深入交流，但往往需要占用对方更多的时间，所以最好"有约在先"。

与老师交流，应该注意以下方面：第一，克服畏难心理，主动与老师交流。很多同学因为不好意思或担心露怯而不愿与老师交流。这大可不必。孔子尚且不耻下问，难道我们还要耻于上问吗？作为学生，有疑惑而向老师寻求帮助，不是很正常的吗？老师都喜欢有目标、有思想、有上进心的学生，你勤于思考、主动发问肯定会赢得老师刮目相看。所以，当需要老师给予帮助时，要主动地找老师交流并向他们征询意见，阐述自己的想法，与教师共同探讨。第二，尊重老师。师生之间是平等的关系，应该进行平等交流，但是平等不意味着可以过于随意，与老师交流要注意基本的礼仪。当然，尊重应该是相互的，老师也应该尊重学生，不应为师不尊。第三，对老师的意见要认真分析辨别。任何人的意见都是个人之见，老师的意见和看法也是如此，只是一家之言，未必全对，所以要认真分析，以确定是否采纳。所以建议大家多听几位老师的意见，以便"货比三家"，善加分辨，择善而从。第四，与老师交流要注意"找对人"。俗话说，术业有专攻，有的老师负责学生管理，有的老师负责专业教学，不同的老师各有自己熟悉的领域。遇到哪方面的问题，就应该找哪个方面的老师进行交流，这样才能有效地解决疑问。

### 3. 与朋友的交流

历史上许多伟大的人物都有益友相伴相随。管仲与鲍叔牙相识相知，受其举荐而成为一代名相；马克思和恩格斯患难与共，共同创立伟大的思想学说。人们常说："在家靠父母，出外靠朋友。"朋友是我们人生的重要伙伴，是我们挑战困难的勇气，是我们学习的榜样，是我们背后的支持力量，甚至是我们人生道路上的导师。生活不易，人生不如意十有八九，当我们遇到挫折和困难的时候，如果能有一个朋友听听我们的倾诉，能够理解和安慰我们，将有助于我们走出困境，再拾行囊，重上征程。父母和兄弟姐妹是无法选择的，但我们却可以选择朋友，我们一定要择益友而交之。那么，朋友交往要注意哪些方面呢？

一是要平等相处。每个人都是独立平等的个体，朋友之间一定要平等相处，切不可以自我为中心，不能认为顺应我的就是朋友，与我观点不同的就是异己，这种观点是不可取的。恰恰相反，那些诚心诚意为我们提出意见和建议，帮助我们纠正错误的人恰恰是可交的朋友，而阿谀奉承、当面一套背后一套的小人则是不值得交往的。当然，平等地对待朋友还要求相互尊重，给彼此留下适当的空间。尊重朋友也就是尊重自己，相互尊重包括尊重对方的生活习惯、个性行为、民族习俗等。

二是要真诚坦率，友善相待。人生在世，孰能无过？我们要学会宽以待人。与朋友交往时，要有开阔的心胸和宽容他人的肚量。要善于换位思考，遇事多为别人着想，充分体谅朋友，即便朋友犯了错误甚至冒犯了自己，也不要斤斤计较，以免因小失大，伤害朋友感情。相反，如果能够对朋友宽容相待，也一定会得到朋友的进一步认可，从而使双方的友情更加牢固。对待朋友我们还要保持谦逊的态度，放低姿态，不可高傲冷漠，令人难以接近，这样才能使朋友愿意与我们接触，愿意与我们加深友谊。

三是要注意充分有效地沟通。"人生得一知己足矣。"可见交一位知心益友是非常困难的，好朋友可遇不可求，许多人甚至一生都很难交到一位知心朋友。好朋友之间的相互信任和亲密无间是怎样形成的呢？简单来说就是两个字——沟通。有时，好朋友之间因为某种误会或者交流减少而变得疏远了，归根到底还是在沟通的充分性和有效性上出了问题。

### 4. 与陌生人交流

芸芸众生，与我们相识相交的只是其中的很少一部分人，生活中我们几乎每一天都要和陌生人打交道，这就涉及与陌生人交流的问题。与陌生人交流，我们要注意以下几个方面：

一是举止得体，行为文明。陌生人之间交往，往往宽容度更小，这就要求我们更加注意自己的言行举止，以便为双方的交往创造良好的氛围和环境，使双方的交流能够顺畅有效地进行，同时为下一步的交往创造良好的条件，如进出电梯或上下车要讲究礼仪，见到尊长要及时站起身让座，等等。

二是言辞谦虚，多用敬语。如恰当地使用"您""您好""您请坐""您看这样安排可以吗？""我可以请您喝杯茶吗？"等等。

三是运用交流技巧，切忌夸夸其谈，要有适当的沉默。与陌生人交流切忌忽视他人感受，只顾自己口若悬河，不给别人说话的机会。正确的交流方式是在和别人说话的时候适当地留出一个空缺，问问别人的意见，多说一些大家共同感兴趣的话题。

四是要有安全意识。俗话说防人之心不可无，与各种各样的陌生人接触，要善于慧眼辨人，保持谨慎。交流谈话尽量围绕主题进行，交流中不要泄露个人和家庭的信息，以免被坏人利用使自己的人身与财产遭受侵害。

## 二、学会协作

### （一）协作及其重要性

协作，即协同合作，是指两个或两个以上的个体通过相互之间的配合与协调（包括语言和行为）来实现共同的目标和共同的利益，从而使个体的利益也最终得以实现的一种社会交往活动，是各方相互配合、协同一致地追求和实现某一目标的联合行动、方式或过程。

加强团队协作是非常重要的。

第一，团队协作有助于凝聚个体的力量，从而更好地实现目标。人们常说："一个和尚挑水喝，两个和尚抬水喝，三个和尚没水喝。""一只蚂蚁来搬米，搬来搬去搬不起，两只蚂蚁来搬米，身体晃来又晃去；三只蚂蚁来搬米，轻轻抬着进洞里。"上述两个俗语故事的结果迥然不同。在第一个故事中，由"一个和尚"到"三个和尚"，人数在增多，喝水却反而日益成为难题，其原因在于团队成员互相推诿、不讲协作；第二个故事则完全不同，"三只蚂蚁来搬米"能"轻轻抬着进洞里"，正是团结协作的结果。

团结就是力量，团队协作的力量是无穷无尽的，这种力量一旦利用起来，团队将会迸发出无与伦比的力量，创造出不可思议的奇迹。随着社会的发展，各种新知识和新技术不断推陈出新，人们在工作和学习中所面临的情况和环境正变得更加复杂。在很多情况下，单靠个人能力已很难完成复杂的工作任务。"同心山成玉，协力土变金"，这就需要人们组成团体，并要求组织成员各展所长、团结协作、协调行动，来解决错综复杂的问题，依靠团队合作的力量达成工作目标。

第二，团队协作有助于促进团队中的每一个成员的个体发展。有一个广为流传的故事很好地诠释了这个道理。有人问教士天堂与地狱的区别。教士把他领进一间屋子，只见一群人围坐在一口大锅旁，每人拿一把汤勺，勺柄太长，盛起汤也送不到嘴里，大家面黄肌瘦，一个个眼睁睁地看着锅里的珍馐饿肚子。教士又把他领进另一间屋子，同样的锅，人们拿着同样的汤勺，却吃得津津有味，心满意足，原来他们是在用长长的汤勺相互喂着吃。教士说，刚才那里是地狱，这里是天堂。在这个故事里，地狱里的人眼巴巴看着一锅肉汤，却个个饿得面黄肌瘦，原因正是他们不懂得团结协作，相互帮助。而天堂的人呢？之所以能够享受美食，则正是因为他们深谙协作之道，也善于通过团队合作实现个人目标。

还有一个故事也能引起我们的深思。有一位商人带着两头骆驼穿越大沙漠，手牵着一头可供自己骑用的骆驼，随后跟着的是一头驮运行囊的骆驼。行走数日。驮运行囊的骆驼累得几乎迈不动脚步了，于是含泪向另一头骆驼求助："帮我分担点行李吧，我实在是太累了。"另一头骆驼说："咱俩分工不同。"又走了一段路，驮运行囊的骆驼哀求道："你若不帮我一把，我就累死了。"另一头骆驼根本不予理睬。终于，托运行囊的骆驼累垮了，一头栽在沙漠里，含泪死去。商人便分割了这头骆驼，并随手将剥下的皮毛再加上行囊一起放在另一头骆驼背上。就在快要走出沙漠时，这头骆驼最终也累倒了。垂危时，看到主人拿出马刀，它真后悔没有帮助早先死去的苦难兄弟。这个故事给我们的启示是，互助才能双赢，危难之中，伸出双手形成的是团队的力量，受益的往往也包括自己。

（二）如何提升与人协作能力

有效提升与人协作能力，要注意以下几个方面：

第一，明确自己的角色定位。在团队协作过程中，我们必须首先搞清楚，自己在工作团队中应该扮演什么角色。被誉为"团队角色理论之父"的英国心理学博士贝尔宾认为：没有完美的个人，只有完美的团队，结构合理的团队应该有八种角色，分别为实干家、协调员、推进者、创新者、外交家、监督员、凝聚者、完美主义者。我们只有把自己的角色找准了，明确了自己的位置，才能充分发挥自己的才干，更好地与他人协作，出色地完成任务，实现工作目标。

第二，重视自身人格锻炼。良好的人格能促进人际关系的和谐；不良的人格则可能使人际关系紧张。心胸宽阔、性情开朗、严以律己、宽以待人的人，容易处理好人际关系；心胸狭窄、性情孤僻，则会给人际关系设置障碍；性情暴躁的人，则很容易与人发生冲突，以至于导致人际关系紧张。因此，注重自身人格锻炼，改造不良人格，对协调人际关系、提升与人协作能力是至关重要的。

第三，尊重团队的工作伙伴。尊重团队伙伴是保证有效协作的基本准则。虽然你可能比其他团队成员更有知识、更有能力，但需要注意的是，任何人都是不可或缺、不可取代的。尊重他人有助于增进团队的凝聚力和向心力，形成协同工作的合力。分而言之，尊重他人就要充分容纳他人的不同意见，擅于从各种不同意见中获取有益因素。尊重他人还要平等待人，互帮互促，共同致力于实现团队目标。

第四，积极融入团队。为更好、更快地融入团队，我们首先要放低姿态，无论以前取得过怎样的骄人成绩，如何引人注目，都要保持谦虚谨慎，与团队同事用心沟通，逐步获得团队的认可。具体来说，融入团队要做到以下几个方面：一是要遵守团队的规章制度；二是熟悉团队的文化；三是学会与人共事；四是多为团队考虑；五是要彰显工作能力，充分体现自身价值。

## 名言佳句

1. 要称赞他人获得的成果——即使是很小的成功。称赞如同阳光，缺少它，我们就没有生长的养分。你的称赞永远都不会多余。

2. 在任何时候都让别人保留脸面。不要让任何人感到难堪，不要贬低别人，不要夸大别人的错误。

3. 要给别人诉说的机会，而自己甘做一个好的听众。

4. 如果你希望别人有所改善，那么你就做出仿佛他已经拥有了这些优良品质的模样。那样，他会尽一切可能不让人失望的。

5. 尽量不要批评别人，不得不批评的时候也要采取间接方式。你要始终对事而不对人。你要向对方表明，你真心喜欢他也愿意帮助他。你永远也不要以书面形式批评别人。

6. 保持微笑，没有比那些从不对人微笑的人更需要微笑的了。

7. 要始终称呼对方的全名，这表明你对他的尊重。每个人都愿意听到自己的名字，这比听到任何一个名字的代替品都更让他高兴。当然，为此你要努力记住对方的姓名。

8. 管理就是交流、交流、再交流！

9. 要想办法使自己在和每一个人谈话时，包括在电话中，都让对方有好的感觉。

10. 要学会从对方的角度来看待事物。

11. 要多提建议，而不是发号施令。这样做，你可以促进合作关系，而避免引发矛盾。

12. 在发生矛盾的时候，你要保持镇静。首先要倾听对方的意见，努力寻找双方的一致之处，还要用批评的眼光看待自己，向对方保证考虑他的意见，并对他给予自己的启发表示谢意。

13. 海洋是溪流的国王，因为它可以广纳百川。

14. 他山之石，可以攻玉。

15. 人心齐，泰山移。

16. 一花独放不是春，万紫千红春满园。

17. 一滴水只有放进大海里才永远不会干涸，一个人只有当他把自己和集体事业融合在一起的时候才能最有力量。

——雷锋

18. 天时不如地利，地利不如人和。

——孟子

19. 上下同欲者胜。

——孙武

20. 众人拾柴火焰高。

21. 一致是强有力的，而纷争易于被征服。

——伊索

22. 若不团结，任何力量都是弱小的。

——拉封丹

23. 能用众力，则无敌于天下矣；能用众智，则无畏于圣人矣。

——孙权

24. 单个的人是软弱无力的，就像漂流的鲁滨逊一样，只有同别人在一起，他才能完成许多事业。

——叔本华

25. 人们在一起可以做出单独一个人所不能做出的事业；智慧+双手+力量结合在一起，几乎是万能的。

——韦伯斯特

26. 凡是经过考验的朋友，就应该把他们紧紧地团结在你的周围。

——莎士比亚

27. 唯宽可以容人，唯厚可以载物。

——薛宣

28. 万人操弓，共射一招，招无不中。

——《吕氏春秋》

29. 团结就有力量和智慧，没有诚意实行平等或平等不充分，就不可能有持久而真诚的团结。

30. 孤雁难飞，孤掌难鸣。

31. 一切使人团结的是善与美，一切使人分裂的是恶与丑。

32. 不管努力的目标是什么，不管他干什么，他单枪匹马总是没有力量的。合群永远是一切善良思想的人的最高需要。

——歌德

## 课后实践

1. 评估自己的与人交流能力，与同学交流你提升自己与人交流能力的好做法、好经验。

2. 评估自己的协同合作能力，与同学交流你提升自己协同合作能力的好做法、好经验。

3. 围绕"善于交流 学会协作"这个主题，写作一份演讲稿，制作PPT，准备一次10分钟的演讲。

## 课余拓展

1. 卢锦明. 交流与表达 [M]. 北京：北京大学出版社，2010.

2. 人力资源和社会保障部职业技能鉴定中心. 与人交流能力训练手册 [M]. 北京：人民出版社，2011.

3. 《团队合作能力训练》编委会. 团队合作能力训练 [M]. 北京：中国书籍出版社，2014.

4. 孟玉婷. 团队合作能力训练教程 [M]. 成都：西南交通大学出版社，2012.

5. 葛振娣. 赢在合作 [M]. 苏州：苏州大学出版社，2016.

6. 许湘岳，徐金寿. 团队合作教程 [M]. 北京：人民出版社，2011.

7. 人力资源和社会保障部职业技能鉴定中心组. 与人合作能力训练手册 [M]. 北京：人民出版社，2011.

## 课外链接

附录一：

### 交流能力测试：客观地评价自己是否具有良好的交流能力

请你就以下问题认真地问问自己：

1. 你真心相信交流在组织中的重要性吗？

2. 在日常生活中，你在努力寻求交流的机会吗？

3. 在公开场合，你能很清晰地表达自己的观点吗？

4. 在会议中，你善于发表自己的观点吗？

5. 你是否经常与朋友保持联系？

6. 在休闲时间，你经常阅读书籍和报纸吗？

7. 你能自行构思、写出一份报告吗？

8. 对于一篇文章，你能很快区分其优劣吗？

9. 在与别人交流的过程中，你都能清楚地传达想要表达的意思吗？

10. 你觉得你的每一次交流都是成功的吗？

11. 你觉得自己的交流能力对工作有很大帮助吗？

12. 喜欢与你的同事一起进餐吗？

13. 在一般情况下，经常是你主动与别人交流还是别人主动与你交流？

14. 在与别人交流的过程中，你会处于主导地位吗？

15. 你觉得别人适应你的交流方式吗？

这是一个非常简单的小测试，回答"是"得1分，回答"否"不得分。得分为10~15分，说明你是一个善于交流的人；得分为6~10分，说明你协调、交流能力比较好，但是有待改进；得分为1~6分，说明你的交流能力有些差，需要努力提升。

（转引自：https://zhidao.baidu.com/question/1930724462283665107.html。内容有删减）

附录二：

### 一学就会的交流技巧

美国著名人际交流专家莉尔·朗兹在《再也不怕跟人打交道：一学就会的96个沟通技巧》一书中提出：成功者和失败者在生活中的主要区别之一就是情绪预测，一个成功者会很容易跟不同的人建立起人际关系，并且让大家都感觉到亲切自然。拥有情绪预测能力的人很自然从别人的角度考虑问题，建立良好的人际关系。

1. 介绍对方时先说人名，后说身份，效果可能会更好一些。另外，在介绍其他人的时候，用职业、爱好和一两件有闪光点的事情，引出他喜欢的话题，会让别人的印象更加深刻。

2. 在交流过程中不要急于表达自己，应该三思而后言。在别人发言时认真倾听，并以目光鼓励，然后再表达你的观点。不知道应该怎样回答或不知道如何表达，应该看着提问者，微笑着告诉对方"我得花点时间想想怎么回答"，然后换个话题。

3. 学会告别。在结束通话或谈话时，可以描述一下自己的快乐感觉，最好说出对方的名字。如：李××，感谢你对××方面的建议，跟你的交谈很愉快；×××，很高兴跟你通话，希望你旅途愉快，一切顺利。

4. 跟陌生人顺利攀谈的绝招。仔细观察对方，了解对方生活中一些琐事和细节，如居住的远近、过去几小时的经历、着装、饰物，通过这些话题很容易就能打开话匣子。

5. 准备一个话题清单。平时就试着列个清单，写上一些大家喜欢讨论的话题，做些功课和准备，比如记几个笑话或者几个有趣的话题，确定自己要表达的观点，特别是要把注意力放在大家的讨论上，这样表述时会更有激情。

6. 听不懂别人交谈时该如何掩饰。可以把身边的听众拉到一旁低声求助，请他告诉你答案。向别人求助时别难为情，对方不会觉得你无知，反而很高兴能为你提供帮助。当然，还可以立刻在手机上搜索。

7. 怎样邀请别人赴约？当你邀请一个大人物时，如果说"您周三有空和我一起吃个午饭吗？"可能会被拒绝。但如果换种方式，可能会有不同的结果，如"未来两周您哪天有空闲，我们一起吃个午饭好吗？"或者"我很想找个时间跟您吃个午饭，请您看一下日程安排，把您方便的时间告诉我。"

8. 在吃饭时如何给别人留下深刻印象。在餐厅请客吃饭时，经常会遇到两个人抢着买单的情况。可以换种方式，事先把信用卡或一部分现金交给服务员，能避免事后争执，给人留下好印象。

9. 在重要场合迟到时别急着道歉，只要一句"抱歉，各位"就足够了，等会议或活动进行一段时间后，再找机会平静地说出原因，态度要诚恳一些。

10. 在你犯下错误，被人现场质问时，可以采取下面四个步骤：①安静地听完对方的质问，然后告诉对方：很高兴你提出这个问题。②停顿几秒钟。③接下来毫无保留地告诉对方你这么做的原因。如果没有什么合理的解释，那就告诉他你从中吸取了哪些教训。

11. 交流的时候怎么让对方舒服？一定要确保对方坐得舒服，全面考虑对方的年纪、能力、地位和性别等因素。

12. 如何让签名更吸引人？研究表明，使用蓝色墨水笔手写签名，其吸引人的效果要比使用黑色墨水笔高21%。

13. 如何在交流时了解对方的心思？研究者发现面部表情和大脑活动之间会建立起紧密联系，只要留意他人的面部表情，特别是眼睛和嘴角，你的情绪预测能力就会大大增强。

14. 很多职场人士都会使用邮箱中自动回复功能。当然你也可以修改一下回复语，让你的邮件回复更加人性化，简洁轻松一点。

15. 在写邮箱标题时，多写一些高兴的标题，会让人很开心，但要根据实际的情况来写。如果标题已经确定了，可以在标题后面加个括号，里面写点振奋人心的评语。如：伙计们，干得好。

16. 在写邮件时，尽量把"我"改成"你"。据说，精神病患者使用"我"这个词的频率要高出常人12倍，一旦把邮件中的"我"换成"你"，就会让人感觉很舒服、很友好。

（转引自：http://www.xuexila.com/koucai/shejiao/894475.html。内容有删减）

附录三：

## 如何与人交流：更好地交流的技巧

我们很多人都面临交流困难的窘境，因此提高交流技能、与他人进行舒心的交流尤为重要。下面几条小贴士会帮助你成为社交达人。

### 1. 提些开放性的问题

为使谈话内容充实，提些开放性的问题是很重要的，比如以"如何""什么时候""为什么"等词语开头的句子。以开放性的问题开始聊天，比如"你平时空余时间都做些什么?"这种问题会引出更多话题。切忌提出那些用"是"或"不是"就可回答的封闭式的问题，如"你喜欢看电影吗?"封闭式问题往往会使双方陷入没话可说的窘境。

### 2. 做个积极的倾听者

人们每分钟只能说100~175个字，但是却可以准确地听辨出300个字。因为倾听时大脑中只有一部分在运转，所以很容易走神，积极的、有目的的倾听是解决这个问题的有效方法，比如为了获取信息、得到指令、理解他人、解决问题、分享趣事、感受他人、提供帮助而倾听。当然，倾听后的回复也很重要，这能让对方知道你理解了他们所说的话。

### 3. 注意社交礼仪，专心与他人交谈

当别人想引起你的注意，或有兴趣与你长谈时，不要回避，也不要转着头回答。相反，你应该转过身去，面对他们进行交谈。只有专心于交流，才能更好地交流理解。讲话时注意肢体语言和声调，以坚定自信的姿态，直视对方，除非是在抱怨投诉，记得要面带微笑。

### 4. 不要想当然

不要自以为了解他人的想法和感受，要学会通过交流去证实。很多事情我们常常找不到足够的事实去证明自己的猜想，所以要向对方核实他们所说的话的真实含义。

### 5. 避免敌对性语句

如果你需要同对方探讨一些敏感问题，切忌使用敌对性语句，比如"你该更好地了解我啊""为什么要让我伤心""你从不理解我""我原以为我们会开心的"。这些敌对性的语句对谈话没有推进作用，只会引起冲突，进而影响双方的沟通和交流。

（转引自：http://select.yeeyan.org/view/307469/293716。内容有删减）

# 第八讲

# 坚持锻炼　保障健康

■ **本讲要点**

　　身体是革命的本钱。如果没有身体健康这个"1"，财富、地位、事业、爱情都将归于"0"。健康的体魄对于人生和事业具有决定性意义，而强健的体魄则来源于科学有效的体育锻炼。此外，大学生也应该了解一些基本的健康常识，养成良好的饮食习惯和个人卫生习惯，保障自身健康。

## 一、坚持锻炼

　　我国大学生参与体育锻炼的现状并不理想。根据调查，除了上体育课之外，男生中约有35%每周体育锻炼时间在1小时以下，约有30%每周体育锻炼时间为1~3小时，约有30%每周体育锻炼时间为3~5小时，只有约5%的同学每周体育锻炼时间在5小时以上，女生的调查结果与男生相差不多；在关于"课余时间主要做什么"的调查中，男生选择"体育锻炼""游戏""上网""逛街购物""学习"的依次为25%、25%、30%、10%、10%，女生依次为20%、20%、30%、15%、15%。另据调查，影响大学生参加体育锻炼的因素主要是课业重、缺乏兴趣和玩电脑游戏，其中男生中玩电脑游戏占据的比例较大，而女生则主要是缺乏体育锻炼的兴趣。

　　法国思想家伏尔泰有一句至理名言——"生命在于运动"。缺乏体育锻炼的结果是许多大学生已经开始或多或少地面临体质不佳的问题。如清华大学在自主招生复试阶段加入了体质测试，结果发现体质测试结果达到优良的考生非常少。在2011年和2012年的体质测试中，达到优秀标准（90分以上）的只有1人，优良率（85分以上）只有13.3%，不及格率却达到49.2%，也就是说有将近一半的学生体质测试是不及格的。另据报道，在北京大学2011级学生为期两周的军训期间，近3 500名学生累计看病超过6 000人次，特别是军训第一周，许多学生晕倒。

　　大学生军训晕倒一片，"病根"是中小学就开始落下的，到大学只是"病情加重"而已。众所周知，现在的小学片面强调知识学习，并不重视小学生的体育锻炼，许多学校甚至没有专业的体育教师，往往是看看哪个老师能"耍两下子"，像那么回事，就安排上体育课去了。学校不重视体育课，部分原因还在于担心孩子参加体育活动的安全问题，结果许多光学不练的小学生成了"胖胖熊""四眼猴"。到了初中、高中阶段，学习压力越来越大，学校和学生对体育锻炼也越来越不重视。而走向社会开始工作之后，又由于忙工作、忙家庭、忙孩子，更是越来越忽视身体锻炼。结果可想而知，由于长期缺乏体育锻炼，我们就面临着越来越严重的健康问题了。

世界卫生组织（World Health Organization，WHO）提出了一个健康标准：

（1）精力充沛：能从容不迫地应付日常生活及工作压力。

（2）乐观积极：乐于承担责任，不挑剔、不抱怨。

（3）善于休息：睡眠良好。

（4）应变能力强：能够适应环境、季节的变化。

（5）能抵抗一般性感冒及传染病。

（6）体重适当，身材匀称，站立时头、肩、臀位置协调。

（7）眼睛明亮，反应敏捷，眼睑不发炎。

（8）牙齿清洁，无缺损，无疼痛，齿龈颜色正常，无出血。

（9）头发有光泽，无头屑。

（10）肌肉、皮肤有弹性，走路轻松。

大家不妨参照上述健康标准，评估一下自己的健康状况。世界卫生组织依据上述标准通过调查得出的数据是：全球真正健康的人仅占5%，75%的人处于亚健康状态，20%的人处于疾病状态，也就是说大约有95%的人处于不健康的状态。在我国，各种慢性病已发生在30~40岁的人群中，甚至很多中小学生也身患肥胖症、高血脂、贫血等疾病，儿童患上成人病，成人患上老年病，老年人不能安度晚年，变成度日如年，提前得病，提前残废，提前死亡，已成为一个值得关注的社会现象。

面对这种情况，我们需要逐步确立一种新的理念：没有疾病并不等同于健康。同时也要接受一个新的概念——亚健康。亚健康是位于健康与疾病之间的一种游离状态。如果保健得当，就可以回到健康，而任其发展就可能会导致疾病发生。简单来说，亚健康就是"到医院查不出什么病，但是自己却觉得这儿那儿不得劲"的身体状态。有人把从"健康"到"疾病"的过程概括为5个阶段：健康—亚健康—疾病—疾病极限—死亡。虽然看上去是"病来如山倒"，但疾病实际上是亚健康状态由量变到质变的过程。现代人最典型的亚健康表现就是"慢性疲劳"，无明显征兆的突然死亡（如过劳死）多是长期处于慢性疲劳的亚健康状态所导致的。

尽管数据很明确，教训很深刻，但是多数人实际上仍然很难树立较好的健康意识。有人提出教育人们树立良好的健康意识的方法有三个：①自己失去健康；②耳闻目睹他人失去健康；③经常参加健康知识教育。这三个方法对人的教育效果是依次减弱的。尽管"健康知识教育"的效果可能是最差的，但我们还是要拿出这一讲来谈一谈"加强体育锻炼，保障身体健康"这个话题，希望能够引起大家对身体锻炼的充分关注。

毋庸置疑，大学生积极进行体育锻炼是非常必要的，也是很有意义的。

第一，体育锻炼能够促进我们的身体健康。健康是最宝贵的财富，金钱买不来健康。我们要力争健康工作四十年，然后愉快享受二三十年，要实现这个目标，大学期间就要重视体育锻炼，趁着年轻，打好身体基础。

第二，体育锻炼能够提高我们的心理素质，增强心理承受能力，提高意志品质。

第三，体育锻炼能够提高竞争意识，参与足球、篮球、排球等团队体育项目可以培养和提高团队精神和协作能力。

第四，体育锻炼能够塑造积极向上、乐观豁达的性格，帮助我们放松心情，缓解压力，减少焦虑。

第五，体育锻炼能够促进智育发展。健康的身体是攀登科学高峰的基础。毛泽东同志在《体育之研究》一文中就说过："德智皆合于体，无体则无德智也！"有运动经历的同学都知道，踢足球、打篮球并非纯粹的体力运动，也是要动脑子的。许多高水平的教练经常强调，小到技术动作，大到战术配合，都要做到"合理"，比赛的胜利是由若干具体环节的"合理性"积累的结果，而所谓"合理性"则当然是动脑筋的结果。

第六，体育锻炼能够增强人际交往能力，特别是通过团队项目，我们可以认识许多不同领域的新朋友，大家有共同的爱好，更容易建立深厚的友谊。

既然参加体育锻炼是很有意义的，那么大学生应该如何进行体育锻炼呢？我们提出以下几条建议，供大家参考：

第一，要培养自己的运动兴趣，至少发现并发展一项自己喜爱的运动项目。在对体育锻炼没有兴趣的情况下，硬逼着自己去坚持，这是一件很痛苦的事情，也很难长期坚持下去。但是，其实多数人是能够找到自己喜欢的运动项目的。一方面，大家可以多去尝试各种项目，不试不知道，一尝试可能就喜欢上了；另一方面，还要去了解有关运动项目的比赛规则，很多时候没兴趣是因为不了解比赛规则，看不出什么门道，自然也就很难喜欢上某项运动。

第二，参加体育锻炼要有一定的计划安排，主要是恰当安排运动时间和运动量，如果某一天因为各种原因没有时间执行预定的体育锻炼计划，也可以用慢跑去上课或快步上下楼梯的方式来代替。另外，大家还要注意处理好参加体育运动和学习的关系，如有的同学因为有篮球运动特长而入选了学生篮球队，经常进行训练，这就需要个人尽量协调好训练和学习的关系。

第三，体育锻炼的注意事项。①要注意充分热身，以抻拉为主，配合小运动量慢跑，一般 15~30 分钟，有稍稍出汗的感觉为佳。②参加体育锻炼前 1 小时不要吃东西，特别是不要在正餐后立刻进行体育运动，运动中如果感觉饥饿可以适当吃点巧克力补充能量。最好运动完毕 30 分钟后再进食，但不宜暴饮暴食。③及时补充水分。运动过程中身体会因流汗而迅速丧失大量水分，如果不适时补充水分，可能会造成身体脱水，所以不要等渴了再喝，当我们感觉到渴的时候说明身体已经严重缺水了。另外一定不要狂饮，锻炼后大量饮水，会给血液循环系统、消化系统特别是心脏增加负担，还要注意不要喝凉水。④凡事有度，体育锻炼也要适量。应根据自己的情况选择合适的运动量，要遵循循序渐进的原则，切勿突然增加运动负荷，一个人每天都锻炼到肌肉酸痛的程度对人体是没有好处的。⑤注意坚持经常性原则。体育锻炼要经常化，不能"三天打鱼两天晒网"。虽然短时间的锻炼也能对身体机能产生一定的影响，但一旦停止体育锻炼，这种良好的影响作用会很快消失。⑥注意运动后的放松，如同身体需要预热一样，运动后身体也需要"冷却"。可以缓缓地放慢动作，直到心跳还原至每分钟

120 次或更少。当感到自己的心跳趋于缓和，呼吸也逐渐平稳时，也就完成了最后的"冷却"工作。⑦注意体育锻炼的时间安排。早晨时段宜安排在晨起至早餐前；上午时段宜安排在早餐后 2 小时至午餐前；下午时段宜安排在午餐后 2 小时至晚餐前；晚间时段宜安排在晚餐后 2 小时至睡前。考虑到大学生课程时间安排的实际情况，一般认为下午 4 点以后适当安排 1 小时左右的体育锻炼为宜。另外烈日炎炎、雾天或环境污染严重的天气条件下，不要进行体育锻炼。

总之，凡事有度，过犹不及，在体育锻炼方面我们也要领会和实践中国古人的中庸智慧。

## 二、保障健康

健康的身体来源于不懈的体育锻炼，也有赖于良好的日常保健，所以同学们了解一些基本的健康常识也是非常有必要的。

第一，生活要有规律。不少大学生进入大学之后，倍感自由，放松对自己的要求，导致生活昼夜颠倒，全然失去规律。有的同学晚上看电影、打游戏一直到深夜，甚至通宵不睡。第二天早上一直睡到 7：50，匆匆起床买点早餐直奔课堂，课堂上前 20 分钟基本上边听课边早餐，然后睡意渐浓，再次倒头睡去。更有通宵不睡者，白天干脆逃课，在宿舍蒙头大睡，搞得黑白颠倒，昼夜不分。

顺应自然规律，昼出夜伏，才是符合人体健康需要的生活方式。中医认为，人体的脏器各有其工作时间，不按时作息，会影响人体脏器的正常工作，日积月累就会引发严重的健康问题。所以我们要过一种顺应自然规律，而不是与自然规律相违逆的生活。

第二，注意饮食卫生。关于饮食，还是建议大家在学校餐厅用餐，毕竟学校餐厅管理上更加严格规范，使用的主要食材一般都由学校统一采购，安全性上更加有保障。有不少同学喜欢到校外卫生条件不佳的小饭馆或小吃摊吃饭，相对来说这些地方食材的安全性欠缺保障，建议大家尽量不去。

除此之外，大家注意有五类食物如果经常吃会伤害大脑，主要是：①过咸食物。人体对食盐的生理需要极低，成人每天 6 克以下、儿童每天 4 克以下就足够了。常吃过咸食物会损伤动脉血管，影响脑组织的血液供应，使脑细胞长期处于缺血、缺氧状态下，从而导致记忆力下降、大脑过早老化。②含铅食物。铅能取代其他矿物质铁、钙、锌在神经系统中的活动地位，因此是脑细胞的一大"杀手"。含铅食物主要是爆米花、松花蛋等。需要注意的是，"无铅松花蛋"的铅含量并不等于零，只是低于相应的国家标准，同样不宜大量食用。③含铝食物。世界卫生组织指出，人体每天铝的摄入量不应超过 60 毫克，油条中的明矾是含铝的无机物，如果一天吃 50~100 克油条，便会超过这个量。④含过氧脂质的食物。油温在 200℃ 以上的煎炸类食品及长时间曝晒于阳光下的食物，如熏鱼、烧鸭、烧鹅等含有较多过氧脂质，过氧脂质摄入过多，会在体内积聚，使某些代谢酶系统遭受损伤，促使大脑早衰或痴呆。⑤含糖精、味精较多的食物。糖精、味精摄入过多也会损害大脑细胞组织。

第三，注意膳食合理。①科学研究表明，低盐、低糖、低脂肪、高蛋白、高纤维的饮食有助于促进身体健康。②水果应该安排在饭后 2~3 小时进食。很多人喜欢饭后吃点水果，这是一种不科学的生活习惯。食物进入胃以后，需要经过 1~2 小时的消化，如果饭后立即吃水果，就会被先前吃进的食物阻挡，致使水果不能正常消化。时间长了，就会引起腹胀、腹泻或便秘等症状。③饭后喝茶会冲淡胃液，影响食物的消化。另外茶叶中含有大量鞣酸，饭后喝茶会使胃中没来得及消化的蛋白质同鞣酸结合在一起形成不易消化的沉淀物，影响蛋白质的吸收。此外茶叶还会影响铁元素的吸收，长期如此甚至会引发缺铁性贫血。④少喝奶茶。奶茶高脂肪、高热量，但并没有营养价值，长期饮用，易患高血压、糖尿病等疾病。⑤少喝碳酸饮料。碳酸饮料影响胃肠消化，容易造成胃肠功能紊乱，还会导致早发骨质疏松，常喝碳酸饮料的人成年后发生骨质疏松的概率是其他人的 3 倍，而且碳酸饮料中的酸性物质会腐蚀牙齿表面的保护层，腐损牙质。⑥饮食类型多样，常吃核桃，多吃鱼。核桃是最好的坚果类食品，常吃核桃可补充脑力，保护心脏。多食用鲭鱼、沙丁鱼和鲑鱼等深海鱼类，鱼油中发现的 Omega-3 长链脂肪酸对关节炎、痴呆症、皮肤病等都有好处。

第四，养成良好的生活习惯。①早上醒来先喝一杯温水，每天要喝足八杯水，注意白天多喝，晚上少喝。②天天洗澡，正确洗手，牙刷每 1~2 个月更换一次，牙膏品牌轮换使用。③保证 8 小时睡眠，养成短时午睡的好习惯。④睡前不进食。⑤不吸烟，少喝酒。注意饭后吸烟的危害比平时大 10 倍！这是由于进食后消化道血液循环增多，致使烟中有害成分被大量吸收，损害肝脏、大脑及心脏血管。⑥勿饭后洗澡。"饱洗澡饿剃头"是一种不好的生活习惯。饭后洗澡，体表血流量就会增加，胃肠道的血流量便会相应减少，从而使肠胃的消化功能减弱，引起消化不良。⑦早晚不洗头。晚上洗头，又不充分擦干的话，湿气会滞留于头皮，长期如此，会导致气滞血淤，经络阻闭。早晨出门前洗头也是不可取的，尤其是在寒冷的冬季，因为头发没有擦干，头部的毛孔开放着，很容易遭受风寒，患上感冒头痛。若经常如此，还可能导致关节疼痛，甚至肌肉麻痹。所以如果同学们有晚上或早晨洗头的习惯，一定要注意吹干再睡觉或者出门。⑧多走楼梯。爬楼梯是一种非常好的锻炼方式，对心血管大有裨益，还可以改善腿部肌肉和腹部肌肉。⑨保持正确的行坐姿势。保持正确的行走和坐立姿势对健康非常有益，很多人都养成了懒散的坏习惯，一些不良姿势会导致背部痉挛和头疼等毛病。行走时最好放松双肩，保持颈部直立、骨盆肌肉紧张，挺胸收腹，这样你就会看起来更棒一些，自我感觉也会更好。⑩经常伸伸脖子。每天最好抽时间轻轻地伸一伸脖子，很多慢性头疼病都是由颈骨接合处和神经损伤引起的，而人们长时间保持坐姿最容易引发这种损伤。也可以尽量将下巴压低，抵住胸口，使两耳低于双肩，这样可以帮助你预防或减轻头疼。⑪认真对待早餐。俗话说"早吃好、中吃饱、晚吃少"，这是有一定科学道理的。从营养的角度考虑，早、中、晚三餐的膳食比例以 30%、40% 和 30% 最为科学，各类食物都应当按比例分配到三餐。⑫关爱双脚。英国肌肉与骨骼医学研究所皮特·斯库教授建议说，最好每天晚上都蜷着双脚（就像双手握拳一样），用双脚外脚掌着地保持平衡，行走十分钟。这种练习可以提高平衡能力，增强脚弓和脚踝的力量，帮助你解决常穿高跟鞋或不舒适的平底鞋造成的脚部损伤问题。

人吃五谷杂粮，免不了会生病。生病其实是一种正常的生理现象，是身体的求生机制在发挥作用。下面我们简单介绍一下常见疾病的应对措施。

1. 意外伤害的处理

（1）出现中暑症状时，应迅速转移到阴凉、通风处，脱掉或解开衣服，用冷水毛巾擦身或扇风，迅速降低体温。可以饮一些凉开水或淡盐水。如果出现神志不清或抽搐，应立即拨打急救电话，由医生及时进行救治。

（2）皮肤被晒伤并出现肿胀、疼痛时，可用冷水毛巾敷在患处，直至痛感消失。如果出现水泡，不要去挑破，应遵照医生意见进行处理。

（3）出现关节损伤时，一定不要搓揉、转动受伤的关节，应立即用冷水毛巾或用纱布包裹冰块在损伤处冷敷 15~30 分钟，24 小时后方可改用热敷。疼痛、肿胀严重者，应及时到医院进行检查和处理。

（4）被猫狗咬伤时，应迅速用肥皂、洁净水彻底清洗创口，至少 5 分钟，擦干后加压包扎止血，并及时到医院做相应的处理。

（5）被蜂蜇伤时，要小心地将残留的毒刺拔出，注意不要挤压刺后的毒囊，以免将更多的毒液挤入伤口。用手轻轻挤捏伤口，挤出毒液，涂一点氨水或苏打水；若是黄蜂蜇伤则应涂醋酸水，以中和毒液。可通过局部冷敷来减轻肿痛。若被群蜂蜇伤，且伴有恶心、头晕等异常反应，一定要及时去医院进行处理。

2. 物理降温

用酒精擦浴身体，借酒精的挥发作用带走体表的热量而使体温降低，这种方法就是"物理降温法"。其操作要领是：用一块小纱布蘸浸 75% 的酒精，置于擦浴的部位，先用手指拖擦，然后用掌部做离心式环状滚动，边滚动边按摩，使皮肤毛细血管先收缩后扩张，在促进血液循环的同时，使机体的代谢功能也相应加强。

物理降温法主要适合无寒战且无出汗的高热病人，高热寒战或伴出汗的病人一般不宜用酒精擦浴，因寒战时皮肤毛细血管处于收缩状态，散热少，如再用冷酒精刺激会使血管更加收缩，皮肤血流量减少，从而妨碍体内热量的散发。注意擦浴部位不能全部一次裸露，擦某部位即露出某部位。在擦浴过程中，由于皮肤很快冷却，可引起周围血管收缩及血流淤滞，应该按摩患者四肢及躯干，以促进血循环，加快散热。另外，一般不宜在胸腹部进行酒精擦浴，以防止内脏器官充血，引起不适或并发其他疾病，如胸腹部扩散过多可引起胃肠痉挛疼痛。

3. 休克的处理措施

及时拨打急救电话，说明病情表现，利于医生备齐急救设备；讲明病人所在位置，便于医护人员及时赶到。同时采取以下应急措施：

（1）将病人置于平卧位，下肢略抬高，以利于静脉血回流。如有呼吸困难可将头部和躯干抬高一点，以利于呼吸。

（2）保持呼吸道通畅，尤其是休克伴昏迷者。方法是将病人颈部适当垫高，下颌抬起，使头部最大限度地后仰，同时头偏向一侧，以防呕吐物和分泌物误吸入呼吸道。

（3）注意给体温过低的休克病人保暖，盖上被毯。但是，伴发高烧的感染性休克病人应给予降温。

4. 游泳时意外事故的处理

（1）在水中发生小腿抽筋应立即上岸，伸直腿坐下，用手抓住拇趾向后拉，并按摩小腿肌肉。若不能立即上岸，应保持冷静，屏住气，在水中做上述动作。

（2）救护溺水者时必须用救生圈、木板或球等，除专职救生员外，即使会游泳的人也不建议徒手接近溺水者。

（3）溺水者获救后，应立即检查其呼吸、心跳。如呼吸停止，应立即拨打急救电话，同时马上做人工呼吸，直至医生赶到或病人恢复自主呼吸。

（4）如果溺水者喝入大量的水，可在其意识清醒时，用膝盖抵住其背部，一手托住上腹部，另一手扒开其口。或者救护者单腿跪地，让溺水者脸朝下伏于膝盖上吐水。

## 名言佳句

1. 一种美好的心情，比十付良药更能解除生理上的疲惫和痛楚。

——马克思

2. 健全自己的身体，保持合理的规律生活，这是自我修养的物质基础。

——周恩来

3. 只有身体好才能学习好、工作好，才能均衡地发展。

——周恩来

4. 凡是有志为社会出力、为国家成大事的青年，一定要十分珍视自己的身体健康。

——徐特立

5. 必须从年轻时期就打好基础，随时随地去锻炼身体。

——徐特立

6. 人的健全，不但靠饮食，尤靠运动。

——蔡元培

7. 身勤则强，逸则病。

——蔡锷

8. 一个人无法不变老，但是他可以抵制衰老。

——塞缪尔

9. 常用的刀不锈，常练的人不病。
10. 常动则筋骨竦，气脉舒。

——清·颜元《习斋言行录》

11. 不要用珍宝装饰自己，而要用健康武装身体。
12. 精神畅快，心气平和。饮食有节，寒暖当心。起居以时，劳逸均匀。

——梅兰芳

13. 年轻时放弃健康获取财富；年老时会放弃一切财富去恢复健康。
14. 大笑养心，抑郁"伤"心。注重养生，先要养心。
15. 健康不是一切，没有健康没有一切。
16. 智者要事业不忘健康，愚者只顾赶路而不顾一切。
17. 人一生可以干很多蠢事，但最蠢的一件事，就是忽视健康。
18. 治病先治人，治人先治心。心理不好，病治不好。心理健康，身体健康。不生百病，不用药方。
19. 千保健，万保健，心态平衡是关键。

20. 悲观的人虽生犹死,乐观的人永生不老。

——拜伦

21. 拿体力、精力与黄金、钻石比较,黄金和钻石是无用的废物。

22. 如果你想强壮,跑步吧!如果你想健美,跑步吧!如果你想聪明,跑步吧!

——古希腊格言

23. 运动可以代替药物,但所有的药物都不能替代运动。

——蒂索

24. 健全的身体比金冕更有价值。

——英国谚语

25. 病来方知健康贵。

——英国谚语

26. 身体的健康在很大程度上取决于精神的健康。

——约翰·格雷

27. 心情愉快是肉体和精神的最佳卫生法。

——乔治·桑

28. 保持一生健康的真正方法是延长青春的心。

——科林斯

29. 健全的思想寓于健全的身体。

——欧洲谚语

30. 健康与才智是人生的两大幸福。

——希腊谚语

31. 良好的健康状况和由之而来的愉快情绪,是幸福的最好资本。

——斯宾塞

32. 健康胜于富贵。

——司各特

33. 在地球上没有什么收获比得上健康。

——印度谚语

34. 最能使人陷于贫困者,莫如疾病。

——日本谚语

35. 生命是美丽的,对人来说,美丽不可能与人体正常发育和人体的健康分开。

——车尔尼雪夫斯基

36. 有两种东西丧失后才发现它们的价值:青春和健康。

——阿拉伯谚语

37. 没有一个朋友能够比得上健康,没有一个敌人能够比得上疾病。

——印度谚语

38. 健全的精神,寓于健全的体格。

——朱文奴

39. 预防胜于治疗。

——狄更斯

40. 有规律地生活是健康与长寿的秘诀。

——巴尔扎克

41. 忧伤足以致命。

——莎士比亚

42. 健康的身体乃是灵魂的客厅，有病的身体则是灵魂的禁闭室。

——培根

43. 健康是人生第一财富。

——爱默生

44. 健康是这样一个东西，它使你感到现在是一年中最好的时光。

——亚当斯

45. 理想的人是品德、健康、才能三位一体的人。

——木村久一

46. 午夜前一小时的睡眠等于午夜后睡三小时。

——赫伯特

47. 只知工作而不知休息的人，有如没有刹车的汽车，极为危险。而不知工作的人，则和没有引擎的汽车一样，没有丝毫用处。

——福特

48. 愉快的笑声，是精神健康的可靠标志。

——契诃夫

49. 乐观是养生的唯一秘诀，常常忧思和愤怒，足以使健康的身体变成衰弱而有余。

——屠格涅夫

50. 健康是人生第一财富。

——爱默生

51. 节制是最好的医术。

——博恩

## 课后实践

1. 参照世界卫生组织的健康标准，评估一下自己的健康状况。制订一份个人健身方案，与同学交流分享，并认真执行。

2. 你最喜欢的运动项目是什么？了解这项运动的比赛规则和注意事项，使自己成为熟悉这项运动的"行家"。

3. 了解日常生活健康常识、常见疾病的预防常识和救护措施，并与同学交流分享你收集的健康知识。

4. 围绕"坚持锻炼 保障健康"这个主题，写作一份演讲稿，制作PPT，准备一次10分钟的演讲。

## 课余拓展

1. 马克·劳伦，乔舒亚·克拉克. 无器械健身 [M]. 蔡杰，译. 北京: 北京科学技术出版社，2012.

2. 常学辉. 图解《黄帝内经》[M]. 天津：天津科学技术出版社，2014.

3. 科马罗夫. 哈佛家庭医学全书 [M]. 李政，等译. 合肥：安徽科学技术出版社，2014.

## 课外链接

附录一：

### 《黄帝内经》：人体内脏工作时间表

子时（23：00—01：00）：胆经当令，这时人一定要睡觉。胆有多清，脑有多清。

丑时（01：00—03：00）：肝经当令，这时肝血生发，肝藏血，肝主筋。"卧则血归于肝"，这时一定要熟睡，不然就养不起肝血，不能达到血润筋的目的。

寅时（03：00—05：00）：肺经当令，肺主气，这时肺的工作是分配气血给其他脏器，心、肝、脾、肺、肾各需多少气血都由肺来分配，这时人需要深度睡眠才能完成分配，此时醒来不利于健康，所以心脏病人尽量不要晨练。

卯时（05：00—07：00）：大肠经当令，卯时大肠经开始排毒，这时人要大便。

辰时（07：00—09：00）：胃经当令，这时胃开始活跃，从子时到辰时，阳气到达最旺时刻，要补充一些阴的东西，食物就是主阴的，这时人一定要吃东西，而且要吃好，要有丰富的营养。

巳时（09：00—11：00）：巳时脾经当令，脾主运化，脾和肺在中医里同属太阴，就是分配，而脾是把胃消化后的食物所变成的气血调出分配到人体各部，脾主一身之肌肉，脾出了问题，会造成肌肉松弛，全身无力。脾在志为思，脾发达的人，头脑灵活，不过，思虑过度会伤脾。"脾主运化，脾统血。"脾是消化、吸收、排泄的总调度，又是人血液的统领。"脾开窍于口，其华在唇。"脾的功能好，消化吸收也好，血的质量也好，所以嘴唇是红润的，否则，唇白或暗、紫。

午时（11：00—13：00）：午时心经当令，午时一阴生，这时人体的阴气开始生发，与子时阳气相对，五脏心、肝、脾、肺、肾与五行金、木、水、火、土有着对应的关系，心属火，肝属木，脾属土，肺属金，肾属水，午时要达到心肾相交，让心火下去，让肾水上来便达到心肾相交的状态，这可以通过午睡实现。午睡片刻，对养心大有好处。

未时（13：00—15：00）：小肠经当令，主吸收，这时小肠把吸收之后的精华分配给各个脏器，所以中午一定要吃多、吃好。小肠分清浊，把水归于膀胱，糟粕送入大肠，精华送进脾，小肠在未时对一天的营养进行调整。

申时（15：00—17：00）：膀胱经当令，膀胱经是从人的后脑一直到脚的一条经脉，是一条可以上脑的经脉。申时是一天中记忆最好、工作效率最高的时候。

酉时（17：00—19：00）：肾当令，肾主藏精，是具有创造性的器官。肾的神明为精，肾能造精，精能生物，如果肾气大伤，也就损了精。

戌时（19：00—21：00）：心包经当令，阳气正盛，此时应该去娱乐，交流，这样才能感觉心情舒畅。

亥时（21：00—23：00）：三焦经当令，是上、中、下焦，上焦主心肺，中焦主脾胃，下焦主肝肾。亥时三焦通百脉，人如果在亥时睡眠，百脉可休养生息，对身体十分有益。

（转引自：http://www.360doc.com/content/14/0718/05/4885348_395174586.shtml。内容有删减）

附录二：

## 成年人标准体重计算公式

公式一：[身高(cm)−100]×0.9=标准体重（kg）

公式二：

男性：身高(cm)−105=标准体重（kg）

女性：身高(cm)−100=标准体重（kg）

以上两种计算方法，已被广泛采用。另外，还有一种专门用于计算中国人理想体重的方法：

北方人理想体重=[身高(cm)−150]×0.6+50(kg)

南方人理想体重=[身高(cm)−150]×0.6+48(kg)

附录三：

## 保持健康的基本准则

1. 合理安排饮食。膳食中应有充分的营养，并且食物要多样化，蔬菜、水果、豆类和粗加工的谷类等植物性食物应占据每顿饭的2/3以上。

2. 控制体重。避免体重过轻或过重，一般来说体重过重是比较严重的问题，事实上体重过轻也是值得注意的，体重不足也会增加疾病的危险。关于疾病与体重相互之间关系的研究显示，体重过轻的人较理想体重范围的人死亡率更高。在我们的周围，有些人热衷于追求苗条身材，盲目地控制体重，误以为体重越轻就越健康，这其实是一个认识误区。

3. 坚持体育锻炼。非体力劳动者每天应完成约1小时快走的运动量。

4. 多吃蔬菜、水果。每天吃五种以上共400~800克的各种蔬菜、水果，可使患癌症的危险性降低20%。

5. 多吃粗粮。每天吃600~800克的各种谷类、豆类、植物类根茎食物。这类食物中的淀粉有预防结肠癌和直肠癌的作用，而高纤维的饮食可以预防结肠癌、直肠癌、乳腺癌和胰腺癌的发生。注意食物加工越少越好，还要限制精制糖的摄入量。

6. 建议不饮酒。经常饮酒会增加患口腔癌、咽喉癌、食道癌、原发性肝癌、结肠癌、直肠癌、乳腺癌的危险。

7. 少食肉类食品。肉类食品以鱼和家禽为宜，瘦肉摄入量每天应少于90克。

8. 限制高脂食物，特别是限制动物性脂肪的摄入，应选择恰当的植物油并节制用量。

9. 少吃盐。限制腌制食物的摄入并控制盐的使用量。高盐饮食会增加患心血管疾病的危险，世界卫生组织建议每人每日食盐摄入量应在6克以下。

10. 不要食用在常温下存放时间过长、可能受真菌毒素污染的食物。

（转引自：http://blog.sina.com.cn/s/blog_9ddd46240102wvk2.html。内容有删减）

# 第九讲

# 慎重恋爱　理性负责

**■本讲要点**

爱情是一个古老而常新的话题，关于爱情的认识和观点也众说纷纭。爱情观是一个人世界观、人生观、价值观在恋爱感情问题上的具体体现，正确的爱情观会引导人走向健康、幸福、美好的生活。正值青春年华的大学生对爱情充满了浪漫的幻想与憧憬，恋爱问题是大学生必须认真面对和正确处理的问题。

## 一、慎重恋爱

爱情是人类永恒的主题。梁山伯与祝英台、罗密欧与朱丽叶……中西方一个又一个美好的爱情故事，为世人所传颂，体现了人们对幸福美满爱情的渴望和对崇高圣洁爱情的追求。对于情窦初开的大学生来说，爱情更是生活的"诗歌和太阳"。

刚刚工作的最初几年，笔者曾经承担两届学生的班主任工作。在学生入学之初，为了帮助大家树立目标，少走弯路，笔者要求他们每人都思考并撰写一份关于人生理想、大学阶段学习目标和学习规划的书面材料。笔者逐一阅览，几乎所有的同学都把通过大学英语四六级考试和考研列为重要的学习目标，但与此同时，笔者也发现一些"颇具新意"的大学目标，比如有的同学"立志"大学阶段要看100部电影，还"下决心"要轰轰烈烈地谈一场刻骨铭心的恋爱——好像不谈恋爱大学就白读了似的。笔者清楚地记得这两个大学目标是一位颇有个性的女同学提出来的。后来听说百部电影的目标在大三时看到60多部的时候就"夭折"了，恋爱也很快就轰轰烈烈地谈起来了，但毕业前终于劳燕分飞。虽然这位同学的大学目标偏离了预想的学习这个不言自明的主题，但还是让我们看到了同学们的内心世界——学习固然是大学生活的主题，却远远不是全部，诸如谈恋爱这样的话题是绕不过去的，我们有必要去正视它。

找对象结婚这件事，中国古代讲究的是"父母之命，媒妁之言"，自由恋爱结婚的情况估计在中国历史上也没有多少成功的案例。话说回来，当时有当时的情况，比如当时人的寿命较短，为了代际繁衍，早婚盛行，10多岁的孩子还只顾贪玩，哪会操心结婚生子的事？怎么办呢？那就只能遵从"父母之命"了。又由于结婚之"礼"程序比较复杂，涉及方方面面的沟通协商，两亲家之间直接面谈不便，自然需要媒人居间传话，协调处理。

现在，人们的思想观念发生了很大的改变。中学老师为了鼓励学习，对早恋严加打压，常对学生们说"上了大学才可以谈恋爱"。有的学生不听话，结果没考上大学；有的学生听了老师的话，老师那句话在他心中被默念成了"上了大学就可以谈恋爱"，于是铆足力气考上了大学。

其实，多数的大学生已满18周岁，已经是法律意义上的成年人，大家可以开诚布公地讨论谈恋爱这个话题。笔者认为，大学生对于心仪的异性产生好感是正常的，甚至可以说，到了这个年龄，对异性全无好感可能恰恰是不正常的。毕竟，大学生一般处于迈入成年或接近成年的年龄，恋爱这个话题已经不可回避。既然这样，我们就很有必要积极面对它，所以这一讲我们专题讨论一下大学生恋爱这个话题。目的在于给大家提出一些意见和建议，供同学们在面对和处理恋爱问题时参考。

在展开具体的讨论之前，有必要先明确界定一下，本讲是在以下意义上使用"恋爱"这个词的：一男一女基于在各自内心形成的对对方的最真挚的仰慕和使对方成为自己终身伴侣的最强烈的渴望，而共同发展最稳定、最专一的感情的过程或行为，是男女双方以结婚为目的的心灵碰撞和情感交流。首先，我们这里讨论的"恋爱"主体限于"一男一女"；其次，这里讨论的"恋爱"基于"使对方成为自己终身伴侣的最强烈的渴望"。

基于这一限定，笔者个人对于大学生谈恋爱的基本主张是"两个不"，即"不反对，不鼓励"。

所谓"不反对"，是基于以下几点原因：

第一，从年龄上看，大学生虽然不能说"老大不小"，但也已经普遍到了20岁左右的年龄，已经接近我国男22周岁女20周岁的法定结婚年龄，身体发育已经基本趋于成熟，也已经具备了一定的认知能力和判断能力，基本到了考虑恋爱问题的年龄了。

第二，爱情的力量是伟大的，恋爱中的男女往往都精神抖擞，充满力量。如果两人能够把这股力量导向正确的方向，共同设定目标，制订计划，相互勉励，相互监督，一起向共同的目标努力奋斗，那这样充满正能量的恋爱就会使双方都能积极进取，共同进步。

第三，大学恋情一般比较纯粹，双方往往较少有物质基础、家庭背景、职业状况等因素的考量，更多的是基于双方性格一致、秉性相同、情投意合。所以一般来说，大学恋情的感情基础往往更加牢固。双方如果能够在大学这样一个纯粹的环境里共同培育爱情的小苗，编织一段属于自己的爱情故事，谱写一曲动人的爱情乐章，倒也是一件极其美妙的事情。

第四，恋爱有助于培养一个人的责任心，让人懂得付出，学会爱他人，珍惜家人和朋友。从这个意义上说，大学恋爱同时也是一个人生修炼的过程。

所谓"不鼓励"，则是出于以下几个方面的考虑：

第一，谈恋爱可能会耽误学习，进而影响个人的未来发展。高中阶段学习的是语、数、外等基础课程，你学我也学，大家学的都一样；大学是专业学习阶段，你学这个专业，我学那个专业，各有不同，我学的你不懂，你学的我也不明白。专业往往决定了你将来从事的职业，是你个人价值的体现，也是你在社会上生存立足的基础。说白了，读大学实际上也就是打造自己将来的饭碗的过程。你将来的饭碗结实不结实，牢固不牢固，就看你在大学里练就的专业能力是不是达到了"一招鲜"的水平。其实，在大学有没有男/女朋友并不重要，重要的是你在大学里有没有练就毕业以后可以在社会上立足的专业能力。爱情诚可贵，事业价更高，没有事业和物质基础，爱情之花注定难以长久。同学们读大学承载着父母的巨大期望，应将这种期望转化为自己前进的动力。把过多的时间放在谈恋爱上，荒废时间，实际上就是不负责任的表现，这既是对父母的不负责任，也是对自己的不负责任。所以，学习这个中心一定不能动摇，有的大学生沉迷于恋爱的风花雪月和山盟海誓之中，无法把心思专注于学习上，导致自己的专业不"专"，同时也耽误了对方的宝贵时光，两败俱伤，得不偿失。

第二，大学生心智尚未完全成熟，恋爱的心理基础尚不牢固。大学生所处的年龄阶段一般为十七八岁至二十一二岁。总体来说，这个年龄段尚属于成年的初期阶段，心智尚未完全成熟，具体表现如下：一是思想行为上具有了一定的自主性，表现为对父母的意见和建议不再言听计从，甚至盲目拒斥，认为恋爱是一己之事；二是社会阅历浅，思想上不成熟不稳定，重感情易冲动，情绪波动明显；三是自控力和耐挫力较弱。恋爱中的大学生往往不善于控制自己的情感，缺乏理智的驾驭能力，一旦恋爱受挫，易于情绪失控，无法自拔；四是虚荣心强，攀比、从众、功利心理重。一些大学生认为在大学里和男/女朋友一起出双入对才有面子，没有则会无地自容，觉得"没人爱"是让人瞧不起的，于是跃跃欲试紧跟潮流。也有部分学生看重的是对方的"利用价值"，把对方的家庭背景、经济实力作为恋爱的首选条件。毋庸置疑，上述这些恋爱心理都是与正常的爱情追求背道而驰的，基于这样的心智状况而建立的恋爱关系也是难以稳固的。

笔者记得自己读大学时迎新晚会上有一个关于大学生恋爱的小品，给笔者留下了非常深刻的印象。大意是这样的：进入大学，男生、女生都情窦初开，表现为男生苦练肌肉，女生开始密切关注自己的外在形象。在这样的氛围里，某男生喜欢上了某女生。男生挖空心思制造了一次"偶遇"，女生也相信这是上天安排的缘分，两人坠入情网。从此两人花前月下，甜甜蜜蜜……当热恋的新鲜感逐渐褪去，各种危机扑面而来——多门课程挂科、生活费入不敷出、英语四级受挫，两人的频繁争吵不可避免地发生，最终可以想见，这段校园恋情也以没有补考的挂科画上了句号。据统计，大学恋爱的成功率只有20%，这个小品很典型地呈现了多数校园恋情的"心路历程"。

第三，大学恋情欠缺物质基础，往往无果而终。恋爱固然是两个人感情层面的事，但婚姻与爱情却需要一定的物质基础来保障。理想很丰满，现实很骨感。金钱虽然买不来爱情，但爱情却不可能完全脱离物质基础的支撑。即便生命力最强的鲜花也不可能在空气中常开不衰，爱情之花同样如此，它需要扎根于肥沃的土壤才能盛开。有的大学生享受着家长供给的生活费，衣食无忧，徜徉在爱情的海洋里不亦乐乎，全然感受不到爱情的责任。临近毕业才切身感受到生存的艰难，发觉已无力凭自己的能力浇灌爱情的花朵，自己的肩膀尚难以扛起爱情的担子。于是，我们注意到毕业前夕校园里四目相对、撕心裂肺的一幕幕反复上演——又有一些爱情故事"断片儿了"。

第四，负责任的恋爱是以两人共同走向婚姻殿堂为目标的，那么结婚这个话题是无论如何也绕不过去的。谈恋爱看上去是两个人的事情，但实际上又不仅仅是两个人的事情，至少它还涉及双方的父母和家庭。人无远虑，必有近忧，充分考虑一些影响因素是很有必要的。首先，我们现在的很多大学生都是独生子女，有必要考虑将来父母赡养这个问题，父母往往会倾向于子女将来回到自己身边，能够更好地相互照应。如果两个人家乡相距较远，就可能需要其中一方做出较大的牺牲。有一个真实的事例，一对恋人为公平起见，决定在双方家乡之间的一个城市安家，结果反而双方家庭都难以照顾周全。总之，大学生虽然已经成年或接近成年，但十余年的寒窗苦读，闭门读书多，社会阅历少，思想比较单纯，心智尚不完全成熟，考虑问题往往比较理想化。在这样的心智条件下，去涉足于人于己都影响比较深远的问题，往往有失稳妥。

综上，在大学阶段应该慎重涉足爱情，即便两人彼此心仪，也必须首先慎重考虑以下因素：你们是否能够较好地处理好恋爱和学习的关系？你们是否能够得到家人的支持？你们是否有信心承担爱情的责任？同学们中有这样一种认识，男生有女朋友、女生有男生追求是一件很有面子的事情，如果出于这样的虚荣心理去谈恋爱，则纯粹是耽误彼此的时间，大学生完全没有必要因虚荣心理或从众心理而盲目追求爱情，大学校园恋爱是一个需要冷静看待、认真对待的问题，这既是对自己负责，也是对别人负责。

## 二、理性负责

笔者在担任班主任的时候，时常和班上的同学说，谈恋爱要慎重，最好还是把精力放到学习上。尽管如此，还是有不少同学或公开或隐秘地谈起了恋爱，有本班内部谈的，有跨学院谈的，有和老乡谈的，也有和高中同学谈的……最后毕业时，有的坚如磐石，不离不弃；有的风雨飘摇，面临分手；有的则早已初心不再，分道扬镳……既然谈恋爱在很多同学那里会不可避免地成为一个事实，我们觉得也就有必要给大家提出一些忠告和建议。

第一，树立正确的恋爱观。恋爱是寻找志同道合、白头偕老的终身伴侣，而不是为了安慰解闷，寻找刺激。大学生应端正恋爱动机，选择恋爱对象不能忽视经济、地域、文化等因素，但是共同的理想、情操和志趣才是最根本的。大学生的恋爱观应该与理想、道德、事业有机结合起来。有的同学对学习心不在焉，大学生活倍感孤独落寞，于是通过谈恋爱来弥补内心的空虚；有的同学怀着随大流的从众心理涉足大学恋情；有的同学觉得没有恋爱经历的大学是不完整的，于是抱着随便玩玩的心态谈恋爱；也有极少数同学为了显示自己的魅力，同时和几位异性同学交往、周旋，搞多角恋爱，甚至和谁都不确定恋爱关系……这些恋爱动机都不是出于爱情本身，当事人也很少把恋爱行为与婚姻结合起来考虑。这种缺乏责任感的恋爱观是不折不扣的害人害己的恋爱观。

第二，一定要彼此负责。渴望爱情是人的天性，追求爱情是人的权利。但是"一个人挥舞拳头的自由止于别人鼻子的地方"，也就是说人的权利是有边界的，任何人都不能肆意地去行使自己的权利，更何况恋爱是涉及两个人的事情，把别人当作实现自己快意的工具，既有悖于道德，又害人害己。

负责任地追求爱情，首先要负责任地评估自己对对方的美好感情是不是真正的爱情，"我爱你"这三个字既是美好浪漫的，也是沉甸甸的，饱含着满满的责任。在恋爱过程中，要尊重所爱的人，珍惜自己的真爱。总之，追求爱情就要充分做好为爱情负责的准备。

有一年毕业前夕，一位女生在男生宿舍楼下面冲着楼门大喊大叫："你给我出来，你的山盟海誓呢？你的承诺呢？……"这也算是对该男生逃避责任的一种追究吧。不过话又说回来，有时候不是我们不想承担责任，而是爱情重担真正落到自己身上的时候，才发觉自己无力扛起。

第三，要理性恋爱，相互理解，相互信任，相互宽容。大学生在家里都是父母的心肝宝贝，平时多是衣来伸手，饭来张口。很多大学生习惯于获取，却不懂得为他人付出，为对方考虑，意见不一时不懂得相互沟通、妥协和让步，甚至任性而为。爱情意味着责任和奉献。恋爱期间两人彼此要相互理解、相互宽容，两个人性别不同，生活环境不同，性格也可能有差异，这就需要多沟通、多理解，以减少误会，避免矛盾。

第四，相互鼓励，共同进步。既然两人相互爱慕，就应该共同谋划未来，相互鼓励，一起努力奋斗，化爱情为力量，让爱情去促进学习，而不是干扰学习。比如有的大学生一起明确考研目标，安排学习计划，相互监督，珍惜前程，共同为良好的职业前景努力学习，夯实爱情的物质基础。遇到困难时则相互鼓励，一起想办法努力克服。这种积极向上、充满正能量的恋爱才是值得提倡的。

第五，文明恋爱。大学生恋爱过程中难免会有一些亲密行为，这倒也正常。但是凡事都有一个"度"的问题，太过亲密就不文雅了。有的同学全然抛开应有的矜持与含蓄，恋爱行为开放且大胆，大白天在教学楼、食堂、公寓门口、广场、操场等公众场合旁若无人地过度亲密，行为不检点，看了让人脸红。有的男同学抱着、背着女同学在路上走，也有的女同学背着男同学走，或者走路时勾肩搭背，全然没有大学生的样子，与大学生应有的素质和形象差之千里。

我们倡导大学生文明恋爱，当然不是走路隔开两三米的羞羞答答，而是在恋爱中保持应有的自尊、自爱与自律，充分考虑和顾及别人的观感，这既是对别人的尊重，也是对自己的尊重。

第六，理性面对失恋。但凡恋爱都有失恋的可能，大学恋情更是如此。有人形容说，失恋给人的感觉就像嘴里长了溃疡，越痛越要去舔，越舔却又越痛；也有人说，失恋就如心中插上一把刀，一动就疼。剑不伤人情伤人。大家可能已经注意到了，武侠片里功夫绝顶，打遍天下无敌手的侠客，一旦受到感情纠缠，立马虎落平阳，战斗力缩水90%以上。失恋是痛苦的，面对失恋，有的人心灰意冷，陷入自卑、迷惘、抑郁甚至绝望之中，"从此无心爱良宵，任他明月下西楼"；有的人愤怒不已，失去理智，或报复，或自残，难以接受失恋的事实。

曾经有一位男生张某，对本班一位女生李某心怀爱慕并展开追求。与此同时，该女生一位在外地上学的高中同学范某也在追求该女生。有一次，范某专程赶来与李某见面。一直追求李某未果的张某醋意大发，决定找范某进行一次男人之间的对话。结果两人发生争吵，张某不慎将范某刺死，最终以故意伤害致人死亡罪被判处无期徒刑。这是一个非常深刻的教训。

失恋引起的主要情绪反应是痛苦与烦恼，以下几种方法对于排除这些负面情绪应该会有一些效果。一是宣泄，比如可以通过向自己的好朋友倾诉来排解自己的痛苦。二是告诉自己接受失恋的事实，着眼于长远，学会放手。每个人都希望恋爱完美，但是失恋的事实是不得不接受的，要自我开导，逐渐接受失恋的事实，无须勉强，善待自己。三是坦然面对。不要害怕失恋的事情尽人皆知，也不需要挖空心思用各种理由来搪塞他人，更不需要假装自己仍处热恋之中。失恋并非难以见光之事，坦然面对有助于及时放下，走出过去，更好地面对未来的生活。总之，失恋不能失态，我们要相信任何经历都是人生的财富，要学会坚强地面对未来人生。

相应地，对于拒绝他人追求的一方而言，也要注意采取恰当的方式方法，懂得尊重对方。不顾情面，处理方法简单轻率，甚至恶语相加，容易使对方的感情和自尊心受到伤害，这种做法是很不妥当的。

---

**【知识链接】**

### 正确对待失恋

失恋的种种不良心态会严重影响青年大学生的身心健康，甚至会导致一系列社会问题。所以，正为失恋而痛苦的不幸者必须学会自我调整、自我拯救。

第一，勇敢面对失恋。失恋不等于失败，一个有理想、有抱负的大学生，应勇敢地正视失恋的现实，恋爱既然有成功，也就可能有失败，那么我们为什么苛求成功而不能正视失败呢？

第二，学会倾吐。失恋者精神遭受打击，应该找一个可以交心的朋友，一吐为快，以释放心理的负荷。

第三，移情。及时适当地把情感转移到失恋对象以外的他人、他事或他物上。比如与同性朋友发展更密切的关系，求得开导和安慰；积极参加各种娱乐活动，陶冶性情；投身到大自然中去，从而得到抚慰。

第四，立志。失恋者积极的态度会使"自我"得到更新和升华，全身心地投入工作中去，许多失恋者因此而创造出了辉煌的成就。

人对失恋的应对方式反映了一个人心理成熟水平和恋爱观。理智地从失恋中解脱出来，往往会使自己变得更加成熟。

---

爱情是一个古老而又常新的话题，也是大学生宿舍"卧谈会"中的热门内容。事实表明，最让大学生心醉与神往的爱情，同时也是大学生最大的"烦恼源"。大学期间，正确地对待爱情，正确地处理爱情与人生、学习、事业的关系，对于大学生的成长以及今后的家庭幸福，都有着极其重要的意义。

## 名言佳句

1. 爱是理解的别名。

——泰戈尔

2. 如果一个人没有能力帮助他所爱的人，最好不要随便谈什么爱与不爱。当然，帮助不等于爱情，但爱情不能不包括帮助。

——鲁迅

3. 真挚而纯洁的爱情，一定渗有对心爱的人的劳动和职业的尊重。

——邓颖超

4. 爱情之酒甜而苦。两人喝，甘露；三人喝，酸醋；随便喝，要中毒。

——陶行知

5. 爱是一种无私的付出和牺牲，人活着就是为了快乐和幸福，你之所以爱她也是想让她快乐和幸福，而因为她快乐所以你快乐，因为她幸福所以你幸福。

6. 长相知，才能不相疑；不相疑，才能长相知。

——曹禺

7. 轻率地玩弄恋爱正如玩火一样，随时有自焚的危险。如果说恋爱是甜美的酒浆，但随便乱喝，也会变成烈性的毒汁。

——丁玲

8. 爱情是一个不可缺少的但它只能是推动我们前进的加速器，而不是工作、学习的绊脚石。

——张志新

9. 爱是生命的火焰，没有它，一切变成黑夜。

——罗兰

10. 有爱慰藉的人，无惧于任何事物、任何人。

——彭沙尔

11. 爱就是充实了的生命，正如盛满了酒的酒杯。

——泰戈尔

12. 婚姻是一本书，第一章写下诗篇，其余则是平淡的散文。

——尼克斯

13. 发号施令在爱情中是行不通的。

——蒙田

14. 爱情的意义在于帮助对方提高，同时也提高自己。

——车尔尼雪夫斯基

15. 若爱她，让你的爱像阳光一样包围她，并且给她自由。

——泰戈尔

16. 能够说出的委屈，便不算委屈；能够抢走的爱人，便不算爱人。

——玄漫

17. 草率的婚姻少美满。

——莎士比亚

18. 爱情没有规则，也不应该有条件。

——黎里

19. 对我所爱的人保持信赖和沉默。

——卢梭

20. 爱情没有特定的法则。

——高尔基

21. 培育爱情必须用和声细语。

——奥维德

22. 爱情越热烈、越真诚，就越要含蓄。

——巴尔扎克

23. 以沉默来表示爱时，其所表示的爱最多。

——加尼特

24. 聪明的爱人珍惜的是爱人的爱，而不是爱人的礼物。

——陶玛士

25. 对爱情不必勉强，对婚姻则要负责。

——罗曼·罗兰

26. 恋爱是结婚的过程；结婚是恋爱的目的。

——易卜生

27. 爱情是两颗灵魂的结合。

——约翰生

28. 热得快的爱情，冷得也快。

——威瑟

29. 为了爱情的持续、婚姻的美满，妻子固要取悦丈夫，丈夫也要取悦妻子，至于如何取悦，乃是一种高级的艺术。

——柏杨

30. 婚姻的唯一伟大之处，在于唯一的爱情、两颗心的互相忠实。

——罗曼·罗兰

31. 婚姻的成功取决于两个人，而一个人就可以使它失败。

——塞缪尔

32. 那种用美好的感情和思想使我们升华并赋予我们力量的爱情，才能算是一种高尚的热情；而使我们自私自利、胆小怯弱，使我们流于盲目本能的下流行为的爱情，应该算是一种邪恶的热情。

——乔治·桑

33. 真正的爱情是专一的，爱情领域是非常狭小的，它狭到只能容下两个人生存；如果同时爱上几个人，那便不能称作爱情，它只是感情上的游戏。

——席勒

34. 婚姻是人生的一大考验。

——易卜生

35. 你所结婚的对象是你在最脆弱时觉得最适合于你的人。

——贝里克

36. 与一个好女人结婚，你是在暴风雨中找到了避风港；和一个坏女人结婚，你是在港中遇到了暴风雨。

——席恩

37. 美满的婚姻是新生命的开始，也是快乐与幸福的起点。

——雷斯登

38. 忠贞的誓言是荒谬的许诺，但却是婚姻的核心。

——卡莲

39. 不能使你发奋的爱，不如不爱。

——拿破仑

40. 爱一个人意味什么呢？这意味着为他的幸福而高兴，为使他能够更幸福而去做需要做的一切，并从这当中得到快乐。

——车尔尼雪夫斯基

41. 选这样的女人做你的妻子：如果她是一个男的，你会选她作朋友。

——诺贝尔

42. 打算讨老婆的男人，应有如下的觉悟：权利将减半，义务将倍增。

——汤川秀树

43. 结婚前睁大眼睛；结婚后要闭一只眼睛。

——福拉

## 课后实践

1. 你关于大学生谈恋爱的看法是怎样的？与同学讨论交流，分享你的观点。

2. 与同学进行小组交流，分享你的恋爱观。

3. 围绕"慎重恋爱 理性负责"这个主题，写作一份演讲稿，制作PPT，准备一次10分钟的演讲。

## 课余拓展

1. 李辉，赖芳. 大学生恋爱与婚姻 [M]. 天津：天津大学出版社，2012.

2. 吉梅，郝超. 青春年华叩问爱情——大学生恋爱指导 [M]. 南京：南京大学出版社，2011.

3. 姜星莉. 爱的艺术：大学生恋爱与人际交往指要 [M]. 北京：旅游教育出版社，2008.

## 课外链接

附录一：

### 值得警惕的大学生恋爱误区

大学生对恋爱持有不同的态度和目的，必然会导致一些恋爱误区。

**误区之一：重过程，轻结果**

恋爱的目的向来被看作寻觅生活伴侣，它是婚姻的前奏。大学生在如何看待恋爱的问题上，存在着"重过程，轻结果"的心理误区。强调爱的"现在进行时"，把恋爱与婚姻分离，不考虑爱的"将来完成时"。大学生中流传着"不求天长地久，只求曾经拥有"这样的说法。一些大学生把恋爱当作一种感情体验，及时行乐，借以满足精神需求；一些大学生则为了充实课余生活，解除寂寞，填补空虚，把恋爱当作一种消遣。只重恋爱过程，轻恋爱结果，实质上是只强调爱的权利，而否认了爱的责任。

**误区之二：择偶标准庸俗化**

调查显示，当前一部分大学生把"有钱"作为择偶的首要条件，看重对方的家庭状况和社会背景，认为找个事业有成、有经济基础的人可以少奋斗二十年，于是"傍个有钱人""钱是第一位的，只要有钱其他的事情都不重要""干得好不如嫁得好""我不想等，我要的是现货"……这样的思想日益蔓延。一时间，"富翁""富婆""大款”成了改变一些大学生命运的筹码。于是，在校期间，一些学生不是忙于学习，而是忙着到社会上找富翁、"款姐"，这已经成为不少青年大学生潜意识里的追求。

**误区之三：重表现，轻修养**

马克思曾说过："在我看来，真正的爱情是表现在恋人对他的偶像采取含蓄、谦恭甚至羞涩的态度，而绝不是表现在随意流露热情，过早地亲昵。真正的爱情不是以如此外显的行为向别人证明两人爱情的忠贞与长久。只有尊重对方、尊重自己，才能真正体会到爱情的真谛。"

现在校园里，公开的亲热随处可见，餐厅里"你喂我一口，我喂你一口"的就餐方式也屡见不鲜。有些大学生已经"修炼"到了"视若无睹"的境地。人们对此类行为看法不一。有人认为："这只不过是表达恋人之间爱意的一种方式，并没有影响到别人，没必要强行禁止。"也有人认为："这种行为'爱'的成分不多，哗众取宠的成分却相当明显。"当众秀恩爱虽不是触犯原则的大事，但的确不应该出现在大学校园里，起码它有碍观瞻。

**误区之四：重爱情，轻友情**

从广义上说，恋爱只是异性交往的一种特殊形式，异性交往还应包括异性之间的非恋爱交往，即异性间的友谊。但由于各方面因素的影响，大学生们的异性交往常常只局限于谈情说爱，缺乏友谊互动。

很多大学生的观念中存在着"异性交往就是谈恋爱""重爱情，轻友情"的错误思想。在校大学生既要认清自己内心的真实感受，又要摒弃那些旧观念的束缚，不为人言所影响，应该意识到在两性之间还存在着比爱情更广阔的感情——友谊。

**误区之五：主观学业第一，客观爱情至上**

大学生应该以学习为重，但一部分同学仍然不能正确处理学业与爱情的关系，坠入情网就不能自拔，以至于学习受到严重影响。有的整天如痴如醉、想入非非，沉浸在卿卿我我的甜言蜜语中；有的中午、晚上不休息，加班加点谈恋爱，以致上课时倦意甚浓，无精打采；有的干脆逃课，一心一意谈恋爱；有的把爱情作为大学生活的唯一追求。可见，摆正学习与爱情的关系，是大学生必须正确处理的又一个重要问题。

**附录二：**

## 树立正确的恋爱观

爱情的悲剧其实是恋爱观的悲剧，一次恋爱的失败不会导致人生的失败，但一旦恋爱观失败，一生的恋爱都会失败。那什么是恋爱观呢？恋爱观是指人们在恋爱婚姻问题上所持的根本观点和看法，这是社会经济制度、婚姻制度和伦理道德观念在恋爱婚姻问题上的折射和反映。

1. 应把心灵美好、情操高尚作为恋爱的第一标准

随着物质魔力的扩展渗透，新一代大学生更为注重个人幸福与自我价值的实现，更强调用直接的行动使自己的愿望得到实现。时下在某些大学生心目中，爱情已经沦落到"玩"这一层次，在这种心理的驱动下，出现什么样的想法都不奇怪。

一部分大学生以"四大件"——房子、车子、票子、样子作为恋爱的第一标准，这种恋爱观往往会埋下祸患的种子。无数事实证明，建立在这种基础上的爱情，是经不起风雨的考验的。建立在功利目的上的所谓爱情必定要付出代价，而这种代价实际上要远远大于暂时得到的实惠。爱情本是纯洁高尚的，对爱情的亵渎，就是对命运的捉弄。

2. 恋爱态度要严肃认真，要追求志同道合

爱情是神圣的，具有特有的责任和义务；爱情是自私的，具有专一性和排他性。这就需要双方严肃认真、真诚相待。人生之路有平坦大道，也会有崎岖山路，只有志同道合才能使爱情不受客观条件的左右而长保坚贞与幸福。

3. 要正确处理爱情和学业之间的关系

大学生应该把学业放在首位，摆正爱情与学业的关系，不能把宝贵的时间都用于谈情说爱而放松学习。当大学生把爱情视为生命的唯一时，爱情就是一株温室中的花朵，娇艳美丽却经不起风吹雨打。当爱情成为一个人唯一的存在价值时，他就会失去人格的独立和魅力。

爱情只有在共同的理想追求中，在学业上的相互帮助中，在精神上的相互安慰中，才会有坚实的基础和持久的生命力。大学生在恋爱中应把主要精力放在学业上，把爱情转变为学业成功的动力。

4. 培养爱的能力与责任

巴尔扎克指出：爱是一种艺术，更是一种能力。大学生不仅要培养爱的能力，还要培养被爱的能力。一个人心中有了爱，在理智分析之后，要敢于表达、善于表达，这是一种爱的能力。面对别人的施爱，能及时准确地对爱做出判断，并做出接受、拒绝或再观察的选择，这也是一种爱的能力。

对于自己不愿接受的爱，应有勇气以恰当方式拒绝。拒绝爱要注意两个方面：一是在不希望得到的爱情到来时，要果断勇敢地说"不"，因为爱情来不得半点勉强和将就。优柔寡断或屈服于对方的穷追不舍，对双方都是不利的；二是要掌握恰当的拒绝方式，虽然每个人都有拒绝爱的权利，但是珍重每一份真挚的感情是对他人的尊重，也是一种自珍，同时是一个人道德情操的体现。

# 第十讲

## 实干创新　追求完美

■**本讲要点**

　　创新是民族的希望、人类的希望。从钻木取火到蒸汽机的发明，从烽火台的狼烟到现代互联网技术，一部人类文明史就是一部不断超越、不断创新的历史。创新是一个民族进步的灵魂，是一个国家兴旺发达的动力，也是一个人在工作乃至事业上永葆生机和活力的源泉。大学生必须努力培养实干精神，提升创新能力，才能更好地适应将来社会发展对于人才素质的新要求。

　　《老子》曰："天下大事，必作于细。"注重细节，追求完美，是一种有助于人们取得事业成功的良好品行。细节决定成败，完美成就成功。大学生一定要养成细心严谨、认真扎实的工作态度和工作作风，确立精益求精、尽善尽美的工作标准和工作追求。

## 一、实干创新

（一）实干才能成功

　　实干，就是俯下身子踏踏实实地干真事、真干事。毫无疑问，成功都是撸起袖子加油干出来的，不是空想得来的，也不是清谈换来的。

　　改革开放以来，我们的国家取得了举世瞩目的伟大进步，这是全国人民实干得来的成果。现在我们经常说"空谈误国，实干兴邦"，要说起来，这句话还颇有来历。1992 年 1 月 18 日，邓小平同志乘坐的专列抵达武昌火车站，时任湖北省委书记关广富陪同邓小平在月台散步。邓小平同志在谈话中说："空谈误国，实干兴邦，不要再进行所谓的争论了。"正是这一最响亮、最浑厚、最雄壮的声音，把全体中国人民从姓"资"姓"社"的无谓争论中彻底唤醒，中国改革开放从此走上了新的征程。2012 年 11 月 29 日，党的十八大刚刚闭幕，习近平同志带领中央政治局常委全体同志参观《复兴之路》展览，面对媒体，他发表了新一届国家领导集体的施政宣言，再次谈到"空谈误国，实干兴邦"这一具有特殊意义的重要论断。如果说邓小平同志当年首次用这个口号结束了意识形态领域的长期争论和禁锢，重新吹响了改革开放的历史号角，那么习近平同志的再次重申，就可以看作对邓小平同志改革遗志的真切继承，也是把改革开放伟大事业继续推向前进的伟大宣誓。

国家要实干才能振兴，才能进步，才能强大，个人又何尝不是如此？实干，是一种做事的态度和精神。态度决定一切，精神决定干劲，干劲决定成绩。仅有好的想法，但如果不能扎扎实实地落实到行动上，而是等一等、放一放、缓一缓，再好的想法也难以变成现实。相反，只有实干才能抓住机遇，只有实干才能破解难题，只有实干才能开创局面，只有实干才能无往而不胜。古往今来，许多伟大的成就和非凡的业绩都是实干得来的。

在巴黎上大学时，居里夫人住在一间又窄又暗的小阁楼里废寝忘食地学习。一天，她的朋友来看她，发现她晕倒在地。救醒后经询问才知，她已经好几天没吃东西了，只是两天前吃了点萝卜和几粒樱桃。朋友又问她睡觉没有，她说只睡了四个小时。

2015 年 3 月，乔海兵牵头负责国网巴林左旗供电公司发展建设部全面工作。本着"干一行、爱一行"的工作热情，他埋头苦学，不断强化对电网基建专业知识学习，努力提高个人能力。每当项目一开工，他就一头扎进施工现场，白天进行巡视检查，发现并及时处理各类问题，晚上回到家中再梳理、总结。经过不断学习和实践，他很快就对施工过程中的每一道工序、每一个细节了然于胸，并对电网基建管理工作有了更深刻的认识，最终成为公认的业务专家。

课堂交流：分享通过实干取得优异成绩的实例，比较一下谁举出的实例最为典型。

现在的大学生生逢伟大的变革时代，是幸运的，社会为每个人的发展和成功提供了丰富的机会。但是机会不是天上的馅饼，成功有赖于我们每个人日复一日实实在在的努力。几乎每一位大学生都是雄心勃勃地踏入大学校门，欲大展拳脚，再建新功。但是很快许多同学便忘却了初心，放慢甚至停止了前进的脚步。而一部分同学则能够认真地把志向落实为有计划的日复一日的实干，最终背起收获满满的行囊，走出校门踏上人生的新征程。

课堂思考：你身边最具备实干精神的同学是哪一位？他（她）是怎么做的？如何向他（她）学习，培养自己的实干精神？

立足自己的学习和工作，踏实肯干，才能做出成绩。但要注意，实干绝对不是闭着眼睛瞎干或者埋头蛮干，而是要有一个良好的规划来指引实干的方向，要把好的规划实实在在地落实到每天的实干行动上。大学是人生的新起点，也是决定未来人生走向的关键阶段。只有不忘初心，满怀激情，脚踏实地，撸起袖子继续加油干，才能在不懈奋斗中实现自己的人生梦。

（二）创新才能发展

实干就是实实在在地做事，不实干，难成事。但是，实干之外还需要干出新意，这样才能高人一筹，脱颖而出。人们常说，一招鲜吃遍天，讲的就是有的人凭借独有的技能在社会上立足。这个"一招鲜"是怎么得来的呢？这就是创新。

创新对于个人很重要，对于企业更重要。有一句广告语大家应该都很熟悉——掌握核心科技。企业发展到一定程度，是靠自己独有的核心技术立足的，谁掌握核心技术，谁就能制造出优质的产品。核心技术如果获得国家的专利保护，别人就不能冒用，企业就可以凭借自己对该关键技术的独占使用权，维护自己的技术优势，进而维护自己的行业地位，确保企业的竞争优势。

我们常说，创新是一个企业兴旺发达的不竭动力，是一个民族进步的灵魂。企业创新、国家创新都有赖于人的创新精神和创新能力，从这个意义上说，创新是现代人应具备的最重要的素质。

创新不容易。第一，创新意味着推陈出新，意味着通过改变，形成焕然一新的新气象或新状态；第二，创新意味着脑力和体力的艰苦付出；第三，创新意味着风险，我们常说一分耕耘一分收获，但创新却可能意味着失败，意味着辛勤付出却可能一无所获。正因为创新不容易，所以创新成为人才的一大特征，也就有了创新型人才的可贵。

创新型人才除了需具有扎实的专业知识和技能，还需要具备一些重要的个性心理特征。首先，要有自信，相信自己有能力做出创新性改变；其次，要有创新的激情和丰富的想象力，勤于观察，善于思考，勇于实践，愿意为实现创新目标而不懈奋斗；再次，要勇于担当，善于控制失败风险，并勇于承担失败后果。不具备上述这些创新品质，是很难练就创新本领的：自信心不足，点子不能成为行动，行动不能得到坚持；缺乏激情，创新没有动力，思维会僵化，行动会迟缓；没有责任心，创新风险容易失控，即便成功也难以取得持续进步。

大学生要把自己锻造成创新型人才，这既是国家的召唤，也是个人成长进步的必然要求。2017 年 10 月 18 日，习近平同志在党的十九大报告中指出，加快建设创新型国家。要瞄准世界科技前沿，强化基础研究，实现前瞻性基础研究、引领性原创成果重大突破。实现这一宏伟战略有赖于千千万万创新型人才的培养。大学是人生的奠基阶段，也是知识素质能力养成的重要阶段，有充足的时间和途径去培养自己的创新精神和创新能力。

对于大学生来说，培养自己的创新精神和创新能力的途径主要有：第一，选修创新创业类课程。学校开设了丰富的创新创业类必修课程和选修课程，大家可以通过旁听或选修的方式学习。第二，拓展创新创业知识，即课外有意识地通过图书馆借阅或网络下载的方式，自主拓展学习创新创业知识。第三，参加创新创业社团。根据自己的情况，有选择地参加创新创业社团，通过社团活动锻炼自己的创新创业能力。第四，申请创新创业项目，国家为鼓励大学生提高创新创业能力而设置了大学生创新创业训练项目，对获批项目给予经费支持，大家可以依托创新创业项目锻炼自己的创新能力。第五，参与创新创业实践，也就是走出校门参与创新创业社会实践活动，广泛接触社会，提升自己的创新创业能力。

## 二、追求完美

追求完美是一种良好的个人品质。关于完美，我们可以从两个方面来诠释：一是工作过程要完美达标；二是要努力通过完美的过程来达到完美的结果。古往今来，大凡有所成就的人都是做事力求完美的人，马马虎虎的"差不多先生"是很难成事的。

巴尔扎克为巴黎一家杂志创刊号写了一篇小说，感到很满意，但忽然想到小说中一个人物的名字还没想好。他立即给朋友戈日朗写信约次日下午一起去大街上看广告牌。为了这个名字他已花费了六个月的功夫，还没有定下来。他们跑了许多条街，看了上万个招牌，都不满意。最后在一个又窄又破的门上，巴尔扎克忽然大叫："有了，有了，马卡马卡。"

德国人做事严谨、追求完美的精神是全世界出了名的，所以德国人在精密机床、汽车制造等诸多工业领域首屈一指。许多实例都可以反映出德国人追求完美的精神。

一位在德国工作 7 年的中国人谈了自己的经历，和德国人交流时，听到"I don't know"（我不知道）和"I'll have to check"（我要先查一下）之类的话频率甚高。说完后，德国人总是掏出一个小笔记本，工工整整地把你的问题抄下来。对于一个进度很紧的工程项目，这样的回答是最揪心的，中方工程人员巴不得老外对每个问题都能立即拍板，偏偏"老德"却要"研究研究"。过了两天，德国人已经把意见整整齐齐地写好。德国人并非不知道中国人期望他说"OK"，并非不知道施工进度的压力，但是他们仍能冷静地对他们的意见负责，不屈服于现实的压力，追求工作结果的完美。

有一句俗话，叫作"一不做二不休"，意思是要么不做，要做就要力求最好。投入了时间和精力，但却不付出足够的努力，最终不能获得理想的预期结果，那么所有投入的时间和精力都就成了毫无价值的浪费。我们常说"一分努力，一分收获"，但实际的情况往往是，十分努力才有收获，九分努力和一分努力一样，都是竹篮打水一场空。这都说明，在激烈的竞争中，只有追求完美，付出十分的努力，才能达到预期的结果。

生活中很多人有一种"差不多"思想，认为做事情差不多就可以了，做到完美往往需要耗费加倍的努力，没有太大必要。胡适先生曾经写过一篇文章，叫作《差不多先生传》，讽刺了当时社会上那些做事不认真的人，从做事不认真到处世不认真，很多人就在"差不多"的圈套里度过一生。我们每一个人也要反省自己，是不是也有这种"差不多"思想，是不是胡适先生笔下的"差不多先生"。

追求完美和"差不多"思想是背道而驰的。要把工作做好，头脑中就不能有丝毫的"差不多"思想。心里怀着"差不多"的思想去做事，工作也必然只能做到"差不多"的程度，别人也必然会把这项工作评价为"一件差不多的工作"，进而通过这件"差不多的工作"评定完成工作的人也是一位"差不多先生"。笔者刚刚参加工作的时候，热衷于申请研究项目，但投出的课题申报书均石沉大海，杳无音信，慢慢地自己也很灰心。后来，通过聆听讲座和研读成功的申报书，慢慢有了些体悟：一是申报课题需要长时间的积累和培育，不能临时起意，速成的研究项目往往是粗糙而不成熟的；二是申报书必须字斟句酌，用最简洁最恰当的语言充分展示课题的研究基础、研究意义和研究思路。这样，评审专家才会感受到这份申报书乃是一份精心之作，才更有助于向评审专家呈现课题的研究价值。在之后的课题申报中，笔者特别注意精心打造申报书，以"不多一字，不少一字"的精神，努力做到言简意赅，表述精当，全面准确地传递课题研究的思想。细节决定成败，这种追求完美的工作精神带来了丰厚的收获，很快就连续获批了多项国家级和省部级科研教研项目。

追求完美是促人成功的好品质，但凡事有度，过犹不及。有的人因为过度追求完美患上了完美强迫症。他们对自己和周围环境的不完美特别在意，偏重于自我内省，被自我内省所束缚。患完美强迫症的人甚至对自己的性格容易出现焦虑、神经过敏等倾向也非常不满。为避免这种情况出现，我们需要形成一种科学健康的心理认知，即努力追求过程的完美，但要坦然接受结果的不完美，也就是"尽人事，听天命"。毕竟，过程和努力是我们能够掌控的因素，而结果则受到更多的外部条件和客观因素的影响，在一定程度上是我们所掌控不了的。不论结果是否令人满意，我们都要说服自己坦然接受它，并继续努力通过完善过程追求令人满意的结果。

所有的东西都要很整齐

沉溺于不完美而无法自拔，就会束缚住追求完美的脚步，相反，坦然接受不完美，才能重整旗鼓，更好地去追求完美。下面这段语重心长的话语，让我们一起共勉：

完美是多数人追求的目标，可事实上，世上哪有尽善尽美？没有瑕疵的事物是不存在的，完美是相对的，十全十美是一种虚幻的境界，我们每个人都做不到，相反，这种心态会妨碍全力以赴去取得成功。没有失败，哪来的经验和教训？不去尝试，哪能知道事情可为不可为？不经历挫折也就难以成熟。成功和失败是相对的，只要自己在某一领域、某一方面发挥了能力就是"成功"。

我们不求最好，只求更好。人各有长短，既不把自己估计过高，更不能过于自卑，不指责别人的短处，也不回避自己的短处，既不求全责备，也不为形象所累，明白没有人能做好每一件事，莫为某一件事而抱怨或自怨自艾，尽己所能，享受过程，而不刻意追求结果，充分发挥潜能，有时却能达到意想不到的"完美"。

## 名言佳句

1. 空谈误国，实干兴邦。

——习近平

2. 学习必须与实干相结合。

——泰戈尔

3. 要迎着晨光实干，不要面对晚霞幻想。

——托·卡莱尔

4. 一切都靠一张嘴来做而丝毫不实干的人，是虚伪和假仁假义的。

——德谟克利特

5. 一切实干家企图把世界置于他们的手掌之下，一切思想家则企图把世界置于他们的头脑之中。

——歌德

6. 大人不华，君子务实。

——王符

7. 士虽有学，而行为本焉。

——墨子

8. 道虽迩，不行不至；事虽小，不为不成。

——荀子

9. 君子强学而力行。

——扬雄

10. 知之愈明，则行之愈笃；行之愈笃，则知之愈益明。

——朱熹

11. 做事严谨规范，才能走得稳；走得稳，才能走得远。

12. 大凡做一件事就要当一件事；若是苟且疏忽，定不成一件事。

13. 通过辛勤工作获得财富，才是人生大快事。

14. 认真做事只是把事情做对，用心做事才能把事情做好。

15. 效率不代表很忙，很忙不代表有生产力。

16. 十个空谈家抵不上一个实干的人。

17. 伟大的思想只有付诸行动才能成为壮举。

——威·赫兹里特

18. 行动养成习惯，习惯形成性格，性格决定命运。

19. 如果你不比别人干得更多，你的价值也就不会比别人更高。

——塞万斯

20. 每个人都本能地感觉到所有美丽的情感加在一起也比不上一个值得敬佩的举动。

——詹·拉·洛威尔

21. 什么是路？就是从没路的地方践踏出来的，从只有荆棘的地方开辟出来的。

——鲁迅

22. 唯有行动才能改造命运。

23. 人生的烦恼，多在于知道得太多，而做得太少。

24. 真正伟大的人，是由行动使他人见识其不凡之处。

25. 人的一生可能燃烧也可能腐朽，我不能腐朽，我愿意燃烧起来！

——奥斯特洛夫斯基

26. 成功＝艰苦的劳动＋正确的方法＋少说空话。

——爱因斯坦

27. 想得好是聪明，计划得好更聪明，做得好是最聪明又最好。

——拿破仑

28. 天赐食于鸟，而不投食于巢。

——霍兰顿

29. 行动，只有行动，才能决定价值。

——约翰·菲希特

30. 行动之前必须充分地酝酿；一旦定下决心，就应该果敢行动。

——萨卢斯特

31. 行是知之始，知是行之成。

——陶行知

32. 幸运降临给那下定决心而行动的人，什么时候开始懒惰，幸运就告别。

33. 言之易，行之难。

——吕不韦

34. 一步实际行动比一打纲领更重要。

——马克思

35. 有力的理由造成有力的行动。

——莎士比亚

36. 有作为是"生活的最高境界"。

——恩格斯

37. 最大的危险是无所行动。

——肯尼迪

38. 荣誉要靠我们用行动去争取。

——马洛

39. 判断一个人当然不是看他的声明，而是看他的行动，不是看他自称如何如何，而是看他做些什么和实际上是怎样一个人。

——恩格斯

40. 你既然期望辉煌伟大的一生，那么就应该从今天起，以毫不动摇的决心和坚定不移的信念，凭自己的智慧和毅力，去创造你和人类的快乐。

41. 要么创新，要么死亡。

——托马斯·彼得斯

42. 创新是企业持续壮大的唯一出路。

——李响

43. 把你的精力集中到一个焦点上试试，就像透镜一样。

——法布尔

44. 执着追求并从中得到最大快乐的人，才是成功者。

——梭罗

45. 心若改变，你的态度跟着改变；态度改变，你的行为跟着改变；行为改变，你的习惯跟着改变，你的性格跟着改变；性格改变，你的命运跟着改变。

——马斯洛

46. 所谓革命精神就是创造性，要懂得世界上的一切都需要创造，要前进就不能坐着等待，就要去创造，而要创造就要克服困难，不能贪图好环境、好条件。

——徐特立

## 课后实践

1. 对自己的实干精神、创新精神和创新能力进行评估。

2. 评估自己是不是一个追求完美的人。

3. 围绕本讲主题，制订一份《自我提升计划》，并认真执行。

4. 搜集并研读至少两份通过实干取得优异成绩的实例材料，搜集并研读至少两份具有突出创新精神和创新能力并取得成功的实例材料，搜集并研读至少两份追求完美的实例材料，并与同学分享你的研读感受。

5. 围绕"实干创新 追求完美"这个主题，撰写一份演讲稿，制作PPT，准备一次10~15分钟的主题演讲，与同学一起交流研讨。

## 课余拓展

1. 范宸. 实干精神 [M]. 北京：中华工商联合出版社，2017.

2. 陶红亮. 实干成就梦想 [M]. 北京：新华出版社，2013.

3. 关爱. 实干：高效能人士的工作习惯 [M]. 北京：中国纺织出版社，2013.

4. 陈鹏. 实干，比空谈更重要 [M]. 北京：中国华侨出版社，2014.

5. 静涛. 三分才华 七分实干 [M]. 北京：企业管理出版社，2009.

6. 孙浩宇，杨一凡. 实干 [M]. 长春：吉林文史出版社，2014.

7. 李锺文，威廉·米勒. 创新之源——硅谷的企业家精神与新技术革命 [M]. 陈禹，等译. 北京：人民邮电出版社，2017.

8. 德鲁克. 创新与创业精神 [M]. 张炜，译. 上海：上海人民出版社，2002.

9. 郑彦云. 创新圆梦——检验创新恒久远 [M]. 北京：中国医药科技出版社，2015.

10. 乔治·伦纳德. 如何把事情做到最好 [M]. 张乐，译. 北京：中国青年出版社，2014.

11. 骆守俭. 创业精神导论 [M]. 北京：高等教育出版社，2012.

12. 严家明. 好字当头 把工作做出实效 [M]. 北京：机械工业出版社，2011.

## 课外链接

附录一：

### 成功箴言

成功箴言之一：自信不失谦虚，谦虚不失自信

成功箴言之二：天赋就是兴趣，兴趣就是天赋

成功箴言之三：思考比传道重要，观点比解惑重要

成功箴言之四：我不同意你，但我支持你

成功箴言之五：挫折不是惩罚，而是学习的机会

成功箴言之六：创新不重要，有用的创新才重要

成功箴言之七：完美的工作、成长的兴趣、影响力

成功箴言之八：用勇气改变可以改变的事情

成功箴言之九：做最好的领导，让员工做有兴趣的事

成功箴言之十：价值不是你拥有多少，而是你留下多少

（转引自：http://www.doc88.com/p-1107281585140.html。内容有删减）

附录二：

# 差不多先生

## 胡适

你知道中国最有名的人是谁？

提起此人，人人皆晓，处处闻名。他姓差，名不多，是各省各县各村人氏。你一定见过他，一定听过别人谈起他。差不多先生的名字天天挂在大家的口头，因为他是中国全国人的代表。

差不多先生的相貌和你和我都差不多。他有一双眼睛，但看得不很清楚；有两只耳朵，但听得不很分明；有鼻子和嘴，但他对于气味和口味都不很讲究。他的脑子也不小，但他的记性却不很好，他的思想也不很细密。

他常说："凡事只要差不多，就好了。何必太精明呢？"

他小的时候，他妈叫他去买红糖，他买了白糖回来。他妈骂他，他摇摇头说："红糖白糖不是差不多吗？"

他在学堂的时候，先生问他："直隶省的西边是哪一省？"他说是陕西。先生说："错了。是山西，不是陕西。"他说："陕西同山西，不是差不多吗？"

后来他在一个钱铺里做伙计。他也会写，也会算，只是总不会精细。十字常常写成"千"字，"千"字常常写成"十"字。掌柜的生气了，常常骂他。他只是笑嘻嘻地赔礼道："千字比十字只多一小撇，不是差不多吗？"

有一天，他为了一件要紧的事，要搭火车到上海去。他从从容容地走到火车站，迟了两分钟，火车已开走了。他白瞪着眼，望着远远的火车上的煤烟，摇摇头道："只好明天再走了，今天走同明天走，也还差不多。可是火车公司未免太认真了。八点三十分开，同八点三十二分开，不是差不多吗？"他一面说，一面慢慢地走回家，心里总不明白为什么火车不肯等他两分钟。

有一天，他忽然得了急病，赶快叫家人去请东街的汪医生。那家人急急忙忙地跑去，一时寻不着东街的汪大夫，却把西街牛医王大夫请来了。差不多先生病在床上，知道寻错了人；但病急了，身上痛苦，心里焦急，等不得了，心里想道："好在王大夫同汪大夫也差不多，让他试试看罢。"于是这位牛医王大夫走近床前，用医牛的法子给差不多先生治病。不上一点钟，差不多先生就一命呜呼了。差不多先生差不多要死的时候，一口气断断续续地说道："活人同死人也差……差……差不多，……凡事只要……差……差……不多……就……好了，……何……何……必……太……太认真呢？"他说完了这句话，方才气绝。

他死后，大家都称赞差不多先生样样事情看得破，想得通；大家都说他一生不肯认真，不肯算账，不肯计较，真是一位有德行的人。于是大家给他取个死后的法号，叫他"圆通大师"。

他的名誉越传越远，越久越大。无数的人都学他的榜样，于是人人都成了一个差不多先生——然而中国从此就成为一个懒人国了。

## 青春没有实干，梦想就是空想

### ——学习贯彻习近平总书记五四重要讲话精神系列评论之三

2013年5月，习近平总书记在航天城与青年座谈，谈人生，聊梦想，论奋斗，说青春，在广大青年中引起了强烈反响。青春有梦，中国有梦，习总书记谈论中国梦时的语重心长尤其感染着广大青年：中国梦是我们的，更是你们青年一代的。中华民族伟大复兴终将在广大青年的接力奋斗中变为现实。这个殷切的期许让无数年轻人心潮澎湃，并感受到一种强烈的责任感。

谈起梦想的时候，我们都会激情满怀。尤其是年轻人，青春的心更容易被梦想牵动；尤其是当一种梦想与国家民族联系在一起时，更容易让人豪情万丈。但正如"仰望星空"这个词与"脚踏实地"连在一起时才有意义，我们谈论梦想时，不能少了对"实干"的关注，建立在踏实的"实干"基础上，"梦想"才不是一个凌虚蹈空的词，"青春中国梦"才有了更加厚实的支撑。

所以，习总书记在让青年"追求美好梦想"的同时，更强调了"空谈误国，实干兴邦"，要立足本职、埋头苦干，从自身做起，从点滴做起，用勤劳的双手、一流的业绩成就属于自己的出彩人生——这实际是在提醒年轻人：青春没有实干，梦想就是空想。

梳理习总书记上任以来的讲话，"中国梦"无疑是使用最频繁的词之一。但仔细阅读便会发现，习总书记每次谈中国梦的时候，都会强调"实干兴邦"。比如党的十八大后新领导层在参观复兴之路展览时，习总书记第一次谈到中国梦，在阐述了对中国梦的理解后，同时提出了"空谈误国，实干兴邦"。

谈"中国梦"时必谈"实干"，这是非常清醒和冷静的判断。正如习总书记几天前与劳模座谈时所言：人世间的美好梦想，只有通过诚实劳动才能实现；发展中的各种难题，只有通过诚实劳动才能破解；生命里的一切辉煌，只有通过诚实劳动才能铸就。

没有高远的梦想，光靠埋头苦干不会有大出息；然而没有实干的精神，空有宏大的梦想，只会一事无成。学习习总书记的讲话，广大青年应该树立一种信念：青春没有实干，梦想就是空想。青春是一个人成长的黄金时期，这个年龄段的人容易浮躁，想得太多而做得太少，沉于梦想而惰于行动。可是，梦想只垂青那些有实干精神的人，只有勇于创业、敢闯敢干，努力在实践中闯新路、创新业，将自己的脚坚实地踏在中国这片土地上，才能实现自己的梦想。不要辜负自己的青春，不要辜负自己的梦想，不要在年华老去时为自己年轻时的碌碌无为而悔恨。

对个人如此，对国家同样如此。我们比历史上任何时期都更接近实现中华民族伟大复兴的目标——这个伟大的成绩不是想出来的，更不是吹出来的，而是靠几代人的实干创造出来的。中国从积贫积弱一步一步走到今天的发展繁荣，靠的就是一代又一代人的顽强拼搏。接力棒传到了这代青年手中，离民族伟大复兴的目标越近，我们越不能懈怠，越需要实实在在的努力才能不辱使命。从来就没有救世主，也没有从天而降的成果，中国的强大，只能在一代又一代既志存高远，又脚踏实地的青年手上实现。

青春就是实干，不要总说这问题难、那问题难。首先要问的是，你有没有尝试去做过？有没有动手去克服？没有动手就畏首畏尾，问题只能永远停留在原点上。很多问题的解决其实就在于行动，不积跬步，无以至千里，不积小流，无以成江海。既不要把中国问题想得太简单，也不能把中国问题想得过于复杂，简单与复杂，只有在实践中才能把握，问题只能在不断尝试中解决，成绩也是在点滴努力中不断累积起来的。

青春就是实干，不要总是抱怨这里的环境不好，那里的体制有问题，其实最大的问题也许是，你自己没有首先行动起来。很多时候，我们总习惯把责任推给别人，推给一个抽象的体制，然后自己在那里理直气壮地抱怨。无论是污染治理还是道德重建，很多难题的解决，其实首先要依靠每个人自己，每个人多做一点儿，在自己的岗位上踏实履行好自己的责任，就不是问题了。

青春就是实干，不要总宅在教室、寝室、写字楼或电脑前空想，不要沾染那种虚骄浮躁之气，而要奔向田野，奔向一线，奔向基层，奔向攻关前沿，奔向广阔天地，奔向祖国最需要的地方。踏过厚实的泥土，经过实践的磨砺，才能成为可堪大用、能担重任的栋梁之材。

实干的青春才会无悔，实干才会兴邦。青年之间的比拼，拼的也正是实干精神。

（转引自：《中国青年报》。http://www.chinapeace.org.cn/）

# 参考文献

1. 海伦·凯勒. 假如给我三天光明 [M]. 李汉昭，译. 北京：华文出版社，2002.

2. 刘墉. 下一站，成功 [M]. 武汉：长江文艺出版社，2004.

3. 李少聪. 男孩要有理想，女孩要有梦想 [M]. 北京：人民邮电出版社，2014.

4. 苏引华. 设计你的人生 [M]. 北京：九州出版社，2017.

5. 伯恩霍夫·A. 达尔. 一纸式人生规划 [M]. 孟永彪，译. 北京：中国水利水电出版社，2006.

6. 关明华. 人生教科书 [M]. 北京：人民交通出版社，2016.

7. 卡洛琳·米勒. 人生目标清单 [M]. 周莹，湛巍，译. 北京：华夏出版社，2012.

8. 马浩然. 如何经营你的大学时光 [M]. 武汉：湖北教育出版社，2006.

9. 覃彪喜. 读大学，究竟读什么 [M]. 广州：南方日报出版社，2006.

10. 黄俊杰. 全球化时代的大学通识教育 [M]. 北京：北京大学出版社，2006.

11. 李曼丽. 哈佛通识教育红皮书 [M]. 北京：北京大学出版社，2010.

12. 马建青. 大学生心理健康 [M]. 北京：人民出版社，2011.

13. 姚本先. 大学生心理健康教育 [M]. 合肥：安徽大学出版社，2011.

14. 裴勇. 法治与安全教育读本 [M]. 北京：中国人民大学出版社，2014.

15. 蔡昌卓. 当代大学生安全课堂 [M]. 北京：中国人民大学出版社，2015.

16. 严文科. 会反省，便成长 [M]. 济南：山东友谊出版社，2016.

17. 诺特伯格. 番茄工作法图解——简单易行的时间管理方法 [M]. 大胖，译. 北京：人民邮电出版社，2011.

18. 博恩·崔西. 博恩·崔西的时间管理课 [M]. 刘迪，译. 北京：机械工业出版社，2016.

19. 吉姆·兰德尔. 时间管理——如何充分利用你的 24 小时 [M]. 舒建广，译. 上海：上海交通大学出版社，2012.

20. 詹文明. 德鲁克谈自我管理 [M]. 北京：东方出版社，2012.

21. 彼得·德鲁克. 自我发现与重塑 [M]. 刘铮筝，等译. 北京：中信出版社，

2015.

22. 凯利·麦格尼格尔. 自控力 [M]. 王岑卉, 译. 北京: 文化发展出版社, 2012.

23. 许湘岳, 吴强. 自我管理教程 [M]. 北京: 人民出版社, 2011.

24. 斯蒂芬·盖斯. 微习惯——简单到不可能失败的自我管理法则 [M]. 桂君, 译. 南昌: 江西人民出版社, 2016.

25. 丁远峙. 方与圆 [M]. 深圳: 海天出版社, 2006.

26. 吕静霞, 伏建全.《止学》中的 80 个做人智慧 [M]. 北京: 中国致公出版社, 2010.

27. 郭晓蕾. 智慧做人灵活处事 [M]. 北京: 华艺出版社, 2007.

28. 傅云龙, 蔡希勤. 中庸 [M]. 北京: 华语教学出版社, 2006.

29. 金丽. 真诚地赞美他人 [M]. 西安: 陕西旅游出版社, 2003.

30. 潘鸿生. 抛开感性保持理性 [M]. 北京: 北京工业大学出版社, 2010.

31. 卢锦明. 交流与表达 [M]. 北京: 北京大学出版社, 2010.

32. 人力资源和社会保障部职业技能鉴定中心. 与人交流能力训练手册 [M]. 北京: 人民出版社, 2011.

33.《团队合作能力训练》编委会. 团队合作能力训练 [M]. 北京: 中国书籍出版社, 2014.

34. 孟玉婷. 团队合作能力训练教程 [M]. 成都: 西南交通大学出版社, 2012.

35. 葛振娣. 赢在合作 [M]. 苏州: 苏州大学出版社, 2016.

36. 许湘岳, 徐金寿. 团队合作教程 [M]. 北京: 人民出版社, 2011.

37. 人力资源和社会保障部职业技能鉴定中心组. 与人合作能力训练手册 [M]. 北京: 人民出版社, 2011.

38. 马克·劳伦, 乔舒亚·克拉克. 无器械健身 [M]. 蔡杰, 译. 北京: 北京科学技术出版社, 2012.

39. 常学辉. 图解黄帝内经 [M]. 天津: 天津科学技术出版社, 2014.

40. 安东尼·L. 科马罗夫. 哈佛家庭医学全书 [M]. 李政, 等译. 合肥: 安徽科学技术出版社, 2014.

41. 季辉, 赖芳. 大学生恋爱与婚姻 [M]. 天津: 天津大学出版社, 2012.

42. 吉梅, 郝超. 青春年华叩问爱情——大学生恋爱指导 [M]. 南京: 南京大学出版社, 2013.

43. 姜星莉. 爱的艺术: 大学生恋爱与人际交往指要 [M]. 北京: 旅游教育出版社, 2008.

44. 范宸. 实干精神 [M]. 北京: 中华工商联合出版社, 2017.

45. 陶红亮. 实干成就梦想 [M]. 北京: 新华出版社, 2013.

46. 关爱. 实干: 高效能人士的工作习惯 [M]. 北京: 中国纺织出版社, 2013.

47. 陈鹏. 实干, 比空谈更重要 [M]. 北京: 中国华侨出版社, 2014.

48. 静涛. 三分才华 七分实干 [M]. 北京: 企业管理出版社, 2009.

49. 孙浩宇, 杨一凡. 实干 [M]. 长春: 吉林文史出版社, 2014.

50. 李锺文，威廉·米勒. 创新之源——硅谷的企业家精神与新技术革命 [M]. 陈禹，等译. 北京：人民邮电出版社，2017.

51. 德鲁克. 创新与创业精神 [M]. 张炜，译. 上海：上海人民出版社，2002.

52. 郑彦云. 创新圆梦——检验创新恒久远 [M]. 北京：中国医药科技出版社，2015.

53. 乔治·伦纳德. 如何把事情做到最好 [M]. 张乐，译. 北京：中国青年出版社，2014.

54. 骆守俭. 创业精神导论 [M]. 北京：高等教育出版社，2012.

55. 严家明. 好字当头 把工作做出实效 [M]. 北京：机械工业出版社，2011.

# 调查问卷

尊敬的同学们：

　　大一新同学初涉大学学习生活，往往既满怀憧憬，又倍感困惑。进入大学，有的同学理想失守，不能尽快适应大学阶段的学习生活；有的同学目标迷失，不能进行良好的学习规划；有的同学不能很好地处理专业学习与其他工作的关系；有的同学欠缺自我管理能力，缺乏自我保护意识；有的同学不善于交流，甚至不能良好地处理人际关系；也有的同学心中虽有万千豪情，却不知从哪里着手，向何处发力，从而陷入有劲使不出的迷惘之中，空耗时日，待迷雾渐消，大学时光已经来日无多。

　　同学们的个人感受最为真切客观，是最重要的第一手资料。为更具体地了解大一学生的基本学情和学习生活困惑，采取更有针对性的应对措施，我们制定了这份问卷，请同学们把真实的想法反映在这份问卷上。谢谢您的支持！

您的学校：＿＿＿＿＿＿＿＿　您的年级：＿＿＿＿＿＿＿您的性别：＿＿＿＿＿＿

您的专业属于：文科　理科　工科　艺术体育　调查时间：＿＿＿年　月　日

1. 你是否思考过个人的人生理想问题？现在你是否有较为明确的人生理想？
   A. 思考过，有　　　　　　　　　B. 思考过，没有
   C. 思考过，但比较模糊　　　　　D. 没有思考过这个问题

2. 目前，你对大学阶段学习生活的适应情况如何？
   A. 完全适应　　　　　　　　　　B. 较好地适应
   C. 不太适应　　　　　　　　　　D. 完全不适应

3. 你是否思考过大学阶段的学习目标？现在你是否有较为明确的大学学习目标？
   A. 思考过，有　　　　　　　　　B. 思考过，没有
   C. 没有思考过这个问题

4. 你是否已经制定了较为明确的大学阶段学习生活规划？
   A. 制定了　　　　　　　　　　　B. 没制定
   C. 没有考虑过这个问题

5. 你如何看待大学阶段的专业学习和专业之外的通识学习？

　　　　A. 仅重视专业学习　　　　　　　　B. 更重视通识学习

　　　　C. 两者都很重要，应科学兼顾

6. 你是否了解大学生应开展哪些方面的通识学习？

　　　　A. 了解　　　　　　　　　　　　　B. 不太了解

　　　　C. 不了解

7. 除了搞好学习，你如何看待大学生个人综合素质的提升？

　　　　A. 很重要，大学生应全方位地提升自己

　　　　B. 不重要，搞好学习即可

8. 你是否了解大学生应如何提升个人综合素质？

　　　　A. 了解　　　　　　　　　　　　　B. 不太了解

　　　　C. 不了解

9. 遇到难以排解的心理困境时，你是否能够进行有效的自我心理调适？

　　　　A. 能　　　　　　　　　　　　　　B. 不能

10. 你是否了解进行自我心理调适的方法和途径？

　　　　A. 了解　　　　　　　　　　　　　B. 不太了解

　　　　C. 不了解

11. 你的安全意识和自我保护意识如何？

　　　　A. 强　　　　　　　　　　　　　　B. 较强

　　　　C. 不太强　　　　　　　　　　　　D. 不强

12. 你是否熟知与大学生有关的各种安全事件的类型？

　　　　A. 熟知　　　　　　　　　　　　　B. 不熟知

13. 你是否能良好地应对可能发生在身边的各类安全事件？

　　　　A. 应对能力强　　　　　　　　　　B. 应对能力较强

　　　　C. 应对能力不太强　　　　　　　　D. 应对能力不强

14. 你觉得自己的自我管理、自我约束的能力如何？

　　　　A. 很强　　　　　　　　　　　　　B. 较强

　　　　C. 一般　　　　　　　　　　　　　D. 较差

15. 你是否拥有较强的人际关系处理能力？

　　　　A. 很强　　　　　　　　　　　　　B. 较强

　　　　C. 一般　　　　　　　　　　　　　D. 较差

16. 你是否拥有较强的与人交流能力？

　　　　A. 很强　　　　　　　　　　　　　B. 较强

　　　　C. 一般　　　　　　　　　　　　　D. 较差

17. 你是否了解如何提升自己的与人交流能力？

　　　　A. 了解　　　　　　　　　　　　　B. 不太了解

　　　　C. 不了解

18. 你是否喜欢体育运动？

　　　　A. 喜欢　　　　　　　　　　　　　B. 不太喜欢

　　　　C. 不喜欢

19. 你如何认识大学生参加体育锻炼的重要性?

    A. 很重要                       B. 不太重要

    C. 不重要

20. 除了必修的体育课程之外,你是否经常参加体育锻炼?

    A. 经常参加                    B. 不常参加

    C. 几乎不参加

21. 关于大学生是否应该谈恋爱,你怎么看待?

    A. 应该谈恋爱                 B. 可以谈恋爱

    C. 不应谈恋爱                 D. 视具体情况而定

22. 如果谈恋爱,你觉得自己能否处理好恋爱与学习的关系?

    A. 肯定能处理好              B. 可能处理不好

    C. 不确定能否处理好

23. 截至目前,你在生活学习方面存在的主要困惑、困难,或需要外界帮助的主要方面还有哪些?请文字描述:

_____

_____

24. 大一第一学期,你认为是否有必要开设"大学学习生活导引"类课程,以引导大学新生尽快了解和适应大学学习和生活?

    A. 很有必要

    B. 不必要,我可以自行获取有关信息,处理好大学期间的学习和生活

    C. 不必要,向高年级学哥学姐、老乡了解即可

    D. 无所谓,这类课耽误时间,可有可无

25. 如果有必要开设"大学学习生活导引"类课程,你希望这类课程采取何种教学形式?

    A. 教师课堂讲授

    B. 按照不同主题开设专题讲座,并设置交流环节

    C. 翻转课堂,学生主体,教师引导

    D. 其他形式(请用文字描述):_____

26. 如果你认为有必要开设"大学学习生活导引"类课程,你希望通过此课程获得哪些方面的引导?(请文字描述)

_____

27. 如果有必要,你认为"大学学习生活导引"课程讲授时间如何设置为宜?

    A. 每周一讲,共讲 16 周         B. 每周一讲,共讲 12 周

    C. 每周一讲,共讲 8 周           D. 每周一讲,共讲 6 周

    E. 其他请文字描述:_____

28. 如果有必要,你认为"大学学习生活导引"课程采取何种考核方式为宜?

    A. 记忆性客观题

    B. 灵活发挥性主观题

    C. 两者兼而有之,以灵活发挥性主观题为主

D. 两者兼而有之，以记忆性客观题为主

E. 其他请文字描述：＿＿＿＿＿＿＿＿＿＿＿＿＿

29. 你认为老师与学生之间比较有效的教学交流形式是（　　）。（选两种）

A. 课程教学 QQ 群

B. 飞信群

C. 微信群

D. 课间和课后面对面交流

E. 每周设定固定的答疑时间，面对面交流

F. 其他方式请文字描述：＿＿＿＿＿＿＿＿＿＿＿＿＿

您还有哪些意见和建议？

＿＿＿＿＿＿＿＿＿＿＿＿＿＿＿＿＿＿＿＿＿＿＿＿＿＿＿＿＿＿＿＿＿＿＿＿＿

＿＿＿＿＿＿＿＿＿＿＿＿＿＿＿＿＿＿＿＿＿＿＿＿＿＿＿＿＿＿＿＿＿＿＿＿＿

＿＿＿＿＿＿＿＿＿＿＿＿＿＿＿＿＿＿＿＿＿＿＿＿＿＿＿＿＿＿＿＿＿＿＿＿＿

＿＿＿＿＿＿＿＿＿＿＿＿＿＿＿＿＿＿＿＿＿＿＿＿＿＿＿＿＿＿＿＿＿＿＿＿＿